CIÊNCIAS

CÉLIA PASSOS

Cursou Pedagogia na Faculdade de Ciências Humanas de Olinda – PE, com licenciaturas em Educação Especial e Orientação Educacional. Professora do Ensino Fundamental e Médio (Magistério) e coordenadora escolar de 1978 a 1990.

ZENEIDE SILVA

Cursou Pedagogia na Universidade Católica de Pernambuco, com licenciatura em Supervisão Escolar. Pós-graduada em Literatura Infantil. Mestra em Formação de Educador pela Universidade Isla, Vila de Nova Gaia, Portugal. Assessora Pedagógica, professora do Ensino Fundamental e supervisora escolar desde 1986.

5ª edição
São Paulo
2022

Coleção Eu Gosto Mais
Ciências 4º ano
© IBEP, 2022

Diretor superintendente Jorge Yunes
Diretora adjunta editorial Célia de Assis
Coordenadora editorial Viviane Mendes
Editor Soraia Wilnauer
Assistente editorial Isabella Mouzinho, Stephanie Paparella
Revisores Erika Alonso, Márico Medrado
Departamento de arte Aline Benitez, Gisele Gonçalves
Iconografia Ana Cristina Melchert
Ilustração Fabiana Salomão, José Luis Juhas/Ilustra Cartoon, Marco Aragão, MW Ed. Ilustrações
Assistente de produção gráfica Marcelo Ribeiro
Projeto gráfico e capa Aline Benitez
Ilustração da capa Gisele Libutti

DADOS INTERNACIONAIS DE CATALOGAÇÃO NA PUBLICAÇÃO
(CIP) DE ACORDO COM ISBD

P289e

Passos, Célia
    Eu gosto m@is: Ciências 4º ano / Célia Passos, Zeneide Silva. –
5. ed. – São Paulo : IBEP – Instituto Brasileiro de Edições Pedagógicas,
2022.
    112 p. : il. ; 20,5cm x 27,5cm. – (Eu gosto m@is)

 ISBN: 978-65-5696-270-2 (aluno)
 ISBN: 978-65-5696-271-9 (professor)

 1. Ensino Fundamental Anos Iniciais. 2. Livro didático. 3. Ciências.
I. Silva, Zeneide. II. Título. III. Série.

2022-2692   CDD 372.07
                                                                        CDU 372.4

Elaborado por Vagner Rodolfo da Silva – CRB-8/9410

Índice para catálogo sistemático:
1. Educação – Ensino fundamental: Livro didático 372.07
2. Educação – Ensino fundamental: Livro didático 372.4

5ª edição – São Paulo – 2022
Todos os direitos reservados

Rua Gomes de Carvalho, 1306, 11º andar, Vila Olímpia
São Paulo – SP – 04547-005 – Brasil – Tel.: (11) 2799-7799
www.editoraibep.com.br

Impreso en Mercurio S. A.
mercurio.com.py | 10601
Asunción - Paraguay

APRESENTAÇÃO

Querido aluno, querida aluna,

Ao elaborar esta coleção pensamos muito em vocês.

Queremos que esta obra possa acompanhá-los em seu processo de aprendizagem pelo conteúdo atualizado e estimulante que apresenta e pelas propostas de atividades interessantes e bem ilustradas.

Nosso objetivo é que as lições e as atividades possam fazer vocês ampliarem seus conhecimentos e suas habilidades nessa fase de desenvolvimento da vida escolar.

Por meio do conhecimento, podemos contribuir para a construção de uma sociedade mais justa e fraterna: esse é também nosso objetivo ao elaborar esta coleção.

Um grande abraço,

As autoras

SUMÁRIO

LIÇÃO

1 A Terra no espaço 6
- Terra: o planeta azul 11
- Os movimentos da Terra 14
- As estações do ano 18
- A Lua 21
- Os corpos celestes e a passagem do tempo 25
- Os pontos cardeais 29

2 A matéria da Terra 36
- Os estados físicos da matéria 38
- Mudanças de estado físico 40
- Mudanças de estado de alguns materiais 41

3 A combustão dos materiais 46
- O gás oxigênio e a combustão 47
- A combustão como fonte de calor 49
- O efeito estufa 51

4 Outras transformações químicas 53
- Experiências 54

LIÇÃO

5 Substâncias e misturas 59
- Classificando as misturas 59
- Separação das misturas 60

6 Relações entre plantas e animais 68
- O grupo das plantas 68
- O grupo dos animais 72
- O comportamento e a interação animal 75
- Cadeias alimentares 77
- Decompositores: consumidores especiais 81

7 Os alimentos 83
- Conservação dos alimentos 86
- Alimentação saudável 89

8 Transmissão de doenças 95
- Doenças hereditárias 95
- Doenças infecciosas 96
- Os antibióticos e as vacinas 97
- Verminoses 98

ALMANAQUE 105

A TERRA NO ESPAÇO

Observe a imagem a seguir.

Visão de parte do planeta Terra e a Estação Internacional Espacial feita de dentro do ônibus espacial Endeavor, em 2002.

Ao observar a Terra do espaço, os astronautas têm a impressão de que ela é uma pequena bola flutuante, mas nosso **planeta** é imenso.

Lá do alto, os astronautas veem a presença da água dos oceanos, dos continentes e até mesmo as luzes das cidades. Supõe-se que o planeta Terra, assim como outros astros, também sofreu diferentes transformações antes de apresentar ambientes variados.

Acredita-se que no início de sua formação, a Terra era uma enorme massa pastosa incandescente, mas ao longo de milhões de anos foi se resfriando e acumulando grandes quantidades de água em sua superfície e em seu interior. A presença da luz e do calor provenientes do Sol, da água líquida, associada a outros fatores, garante a vida em nosso planeta.

VOCABULÁRIO

planeta: astro sem luz própria que gira ao redor de uma estrela.

O planeta Terra movimenta-se no espaço assim como os planetas Mercúrio, Vênus, Marte, Júpiter, Saturno, Urano e Netuno. A Terra e esses planetas se movimentam ao redor do Sol, formando o Sistema Solar. Mercúrio é o menor planeta do Sistema Solar e Júpiter, o maior. O Sol é a **estrela** mais próxima de nós e é dela que obtemos nossa fonte de luz e de vida.

Representação esquemática do Sistema Solar e das **órbitas** dos planetas em torno do Sol. Nessa representação, as cores são ilustrativas. O tamanho dos astros e as distâncias entre eles estão fora de escala.

IMAGEM FORA DE ESCALA.

O Sol é uma enorme esfera de gás em altas temperaturas. Ele está longe da Terra cerca de 150 milhões de quilômetros e a temperatura na sua camada externa visível é de 6 000 °C. Montagem de imagens do Sol e da Terra com base em fotos desses dois astros.

O Sistema Solar fica em uma **galáxia** chamada Via Láctea. O Sol é apenas uma entre bilhões de estrelas que existem nela. Do mesmo modo, a Via Láctea é uma entre bilhões de galáxias que existem no Universo.

Além de estrelas e planetas, o Universo é formado por satélites naturais, **meteoros**, nebulosas, cometas, entre outros.

O Universo encontra-se em constante movimento. Todos os seus componentes estão se deslocando pelo espaço. Isso também ocorre com nosso planeta.

VOCABULÁRIO

órbita: trajetória de um corpo celeste menor em torno de outro maior.
galáxia: conjunto de vários bilhões de estrelas e outros astros.
estrela: astro que possui luz própria.
meteoros: astros que ficam vagando no espaço.

Há milhares de anos os seres humanos estudam o Universo, descobrindo inúmeros aspectos que permitiram a evolução da ciência Astronomia. Graças à Astronomia e ao desenvolvimento tecnológico, o ser humano conseguiu empreender as viagens espaciais. Atualmente, o conhecimento que temos do Universo vem, em grande parte, dos dados coletados nessas viagens espaciais e pelos satélites e telescópios espaciais que documentam o espaço constantemente.

Astronauta no espaço faz manutenção no telescópio Hubble, 1993.

Para que serve a Astronomia?

A Astronomia é a mais antiga entre todas as ciências. Observar o céu estrelado tem sido muito mais que uma fonte de inspiração para o ser humano. O movimento dos corpos celestes revela-se periódico e por isso tem sido associado às variações do clima da Terra.

Desde de milhares de anos atrás, contemplar o céu era como assistir ao movimento de um imenso relógio, de extraordinária precisão, cujo mecanismo era preciso conhecer e dominar.

Observatório Pico dos Dias, localizado em Brazópolis, MG.

A filha do tempo

A sucessão dos dias e das noites permitiu a primeira contagem do tempo. A presença de certos grupos de estrelas no céu passou a indicar os períodos de seca e chuva e, portanto, a época adequada para fazer as plantações.

A posição do Sol no horizonte ao longo do ano ajudou-nos a compreender as estações [...].

A Lua, com suas fases, sugeriu os períodos mensais e semanais e explicou o ciclo das marés. [...]

Se não pudéssemos contemplar uma noite estrelada, jamais poderíamos ter nos aventurado pelos mares. As constelações guiaram navegantes chineses e ocidentais durante séculos. [...]

Costa, J.R.V. Para que serve a astronomia. *Astronomia no Zênite*, 20 jul. 1999. Disponível em: https://www.zenite.nu/para-que-serve-a-astronomia. Acesso em: 28 jun. 2022.

ATIVIDADES

1 Marque com um **X** a resposta correta.

a) A Terra é um astro:

☐ sem luz própria. ☐ com luz própria.

b) Nosso planeta:

☐ gira em torno de outros planetas. ☐ gira em torno de uma estrela.

c) O Sol:

☐ é uma estrela. ☐ é um meteoro.

2 De onde vem a fonte de luz e vida da Terra?

_____

3 a) O Sistema Solar fica em uma galáxia chamada _____.

b) Além de estrelas e planetas, o Universo é formado por _____, _____, _____, _____,

entre outros.

4 Identifique cada planeta do Sistema Solar escrevendo seu nome na legenda da imagem.

5 Considerando a representação dos planetas e suas órbitas no Sistema Solar, conforme imagem da página 7, complete o que se pede.

a) Em relação à distância do Sol, a Terra é o _____ planeta mais próximo dessa estrela.

b) A temperatura de Saturo é (maior/menor) _____ que a de Netuno.

c) Mercúrio é o planeta (mais/menos) _____ quente do Sistema Solar.

d) Netuno é o planeta (mais/menos) _____ quente do Sistema Solar.

e) Júpiter é o (maior/menor) _____ planeta do Sistema Solar.

6 Qual a importância da astronomia para os seres humanos?

_____
_____
_____
_____
_____
_____
_____
_____
_____
_____

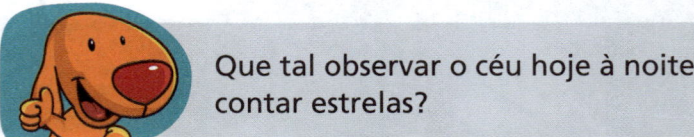

Que tal observar o céu hoje à noite e contar estrelas?

Terra: o planeta azul

Ao redor da Terra existe uma camada de gases que forma a atmosfera. Esses gases são o vapor-d'água, o gás oxigênio, o gás carbônico e outros. Não podemos vê-los porque são invisíveis.

A Terra, ao ser observada do espaço, aparenta ter a cor azul por causa do maior espalhamento da radiação azul da luz na atmosfera terrestre. Essa cor azul é também refletida pela água existente na superfície terrestre.

O interior da Terra, formado por ferro e níquel, cria um **campo magnético** ao redor dela. A atmosfera e esse campo magnético nos protegem das **radiações** prejudiciais vindas do Sol e de outras estrelas.

A atmosfera da Terra também nos protege de meteoros que, em geral, queimam pelo atrito com ela antes de atingir a superfície terrestre.

Durante muitos anos as pessoas acreditavam que a Terra era plana e ocupava uma posição imóvel no centro do Universo.

Por meio de observações feitas pelos cientistas, sabe-se que a Terra gira ao redor do Sol e de si mesma e tem forma quase esférica. Seria esférica se não fosse um achatamento nos polos. Esse achatamento não é percebido quando observamos a Terra do espaço.

Nas fotos registradas por satélites, aprendemos muito sobre nosso planeta. Elas não deixam dúvidas quanto à forma da Terra. Mas não é preciso viajar em uma nave espacial para perceber essa forma arredondada. Basta observar, por exemplo, como os barcos, ao se afastarem do porto, vão sumindo pouco a pouco no horizonte. Primeiro some o casco e, depois, as velas ou chaminé. Se a Terra fosse plana, o barco todo iria diminuindo de tamanho à medida que se distanciasse do porto.

VOCABULÁRIO

campo magnético: região no espaço ao redor do planeta Terra onde os corpos são atraídos ou repelidos.

radiações: ondas invisíveis, carregadas de energia, que se movimentam no espaço.

Fora de escala. Cores ilustrativas.

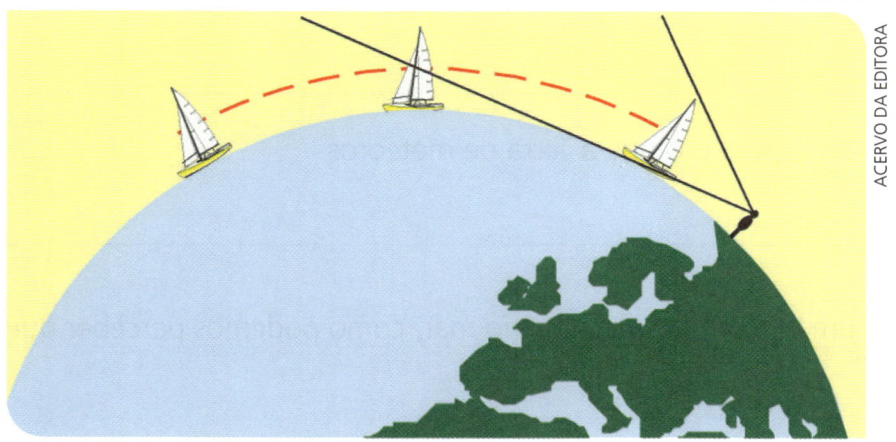

- - - = trajeto do barco
\> = campo de visão

ATIVIDADES

1 O que é atmosfera?

_____

_____

2 Por que a Terra, ao ser observada do espaço, aparenta ter cor azul?

_____

_____

3 Assinale as frases com informações verdadeiras. Reescreva as frases com informações incorretas, corrigindo-as.

☐ O interior da Terra é formado apenas por ferro.

_____

☐ O interior da Terra cria um campo magnético ao redor dela.

_____

☐ A atmosfera e o campo magnético protegem a Terra das radiações.

_____

☐ As radiações vindas do Sol e de outras estrelas não prejudicam a vida na Terra.

_____

☐ A atmosfera protege a Terra de meteoros.

_____

4 Olhando um barco que se afasta, no mar, como podemos perceber que a Terra é redonda?

_____

_____

Por que o céu é azul?

A luz branca é a parte que conseguimos ver das radiações do Sol. A cor branca da luz é formada por radiações nas cores vermelha, laranja, amarela, verde, azul, anil e violeta. Cada uma dessas radiações se desloca e, ao atravessar a atmosfera, elas se espalham por causa das partículas que compõem o ar.

Porém, cada cor se espalha de forma diferente, dependendo do comprimento da onda que a forma.

O comprimento de onda da radiação azul é mais longo e faz com que essa cor se espalhe o suficiente para dar ao céu a tonalidade que vemos.

Praia da Armação, Florianópolis, SC, 2020.
O céu é azul porque a radiação de cor azul é a que mais se espalha pelas partículas que compõem o ar.

 No fim de um dia ensolarado, as cores laranja, amarela e vermelha chegam na atmosfera com maior intensidade, dando ao céu do entardecer um tom alaranjado.

Os movimentos da Terra

Movimento de rotação

Durante o dia, o Sol parece se mover no céu até desaparecer no horizonte. Então, escurece.

Esse movimento do Sol é aparente, pois é a Terra que gira ao redor de si mesma, como se fosse um pião. Esse movimento da Terra chama-se **rotação**.

Um pião gira como se tivesse um eixo da ponta ao topo, passando pelo centro. De modo semelhante, podemos imaginar que a Terra possui um eixo que a atravessa de um polo ao outro. É em torno desse eixo imaginário que a Terra gira.

Para a Terra dar um giro completo ao redor de si mesma, demora aproximadamente 24 horas. Durante esse tempo, enquanto a face voltada para o Sol está iluminada – é dia –, a outra face está no escuro – é noite. Você pode observar bem isso na imagem de abertura desta lição. A porção direita da imagem recebe a luz solar (dia) enquanto a esquerda está escura (noite).

ESQUEMA DO MOVIMENTO DE ROTAÇÃO

Eixo de rotação — Hemisfério Norte — Linha do Equador — Hemisfério Sul — Rotação — Sol

ACERVO DA EDITORA

Enquanto uma face da Terra está iluminada, a outra está no escuro. Nessa figura, as cores são ilustrativas e a proporção da Terra em relação ao Sol não corresponde à realidade.

O planeta Netuno completa uma volta ao redor de seu eixo a cada 16 horas. Já o planeta Vênus é o mais lento. Ele demora 243 dias para dar uma volta ao redor do próprio eixo.

Movimento de translação

Além de girar em torno de si mesma, a Terra dá voltas ao redor do Sol. Ela demora cerca de 365 dias e 6 horas para completar uma volta. Esse movimento da Terra ao redor do Sol chama-se **translação**.

Durante o movimento de translação, os dois hemisférios são iluminados de modo diferente por causa da inclinação da Terra.

ESQUEMA DO MOVIMENTO DE TRANSLAÇÃO

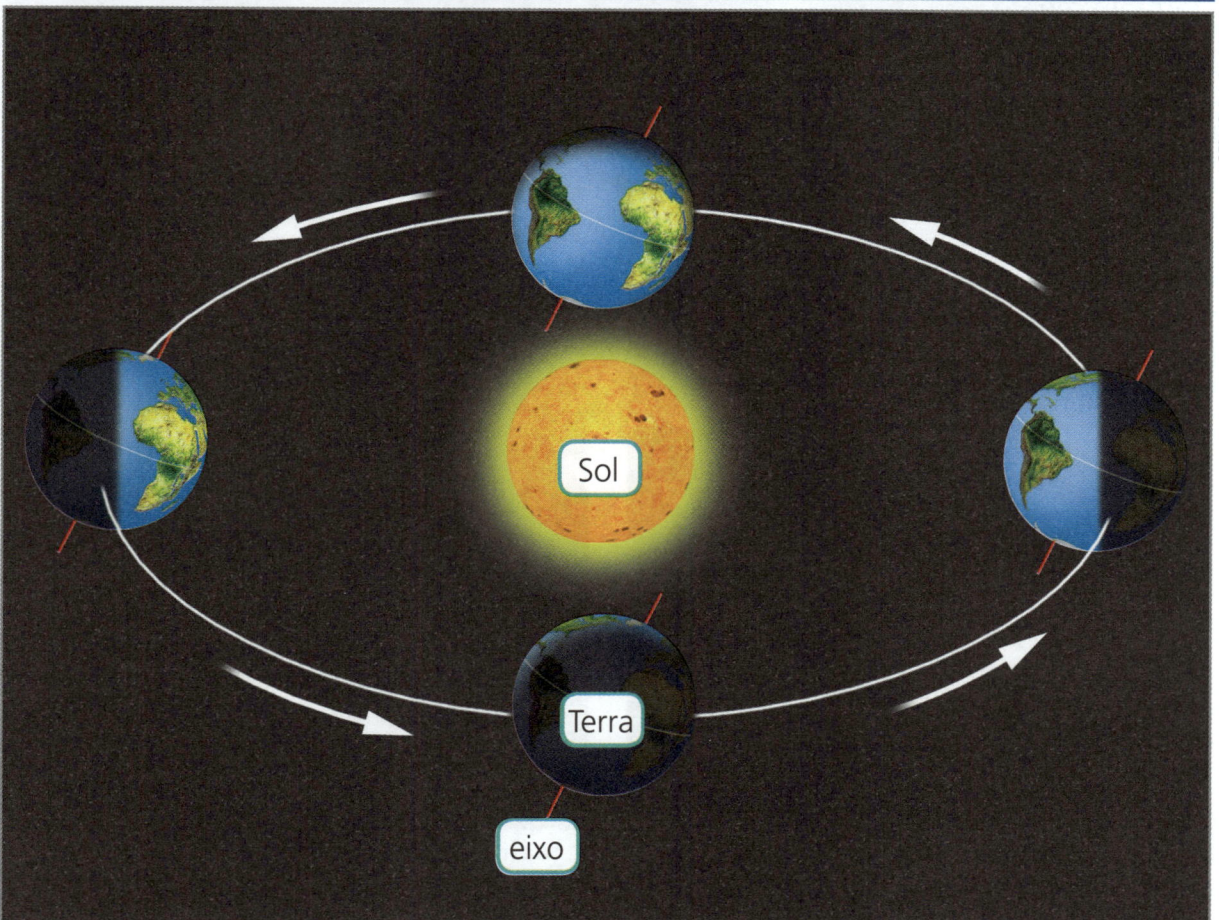

O eixo da Terra está sempre apontando para a mesma direção no espaço. Nessa figura, as cores são ilustrativas e a proporção da Terra em relação ao Sol não corresponde à realidade.

O movimento de translação, associado à inclinação da Terra, dá origem às quatro estações: primavera, verão, outono e inverno.

A duração dos dias e das noites está sempre mudando no decorrer das estações do ano. No verão, os dias são mais longos e as noites, mais curtas. No inverno, ocorre o contrário: os dias são curtos e as noites são longas.

Isso acontece porque a inclinação do eixo terrestre faz variar o tempo em que as regiões da Terra recebem luz do Sol, no decorrer do ano.

A variação na duração do dia e da noite é percebida melhor nas regiões próximas aos polos. Perto da Linha do Equador, essa variação é pequena demais para ser notada.

Nos polos, essa variação da iluminação é muito grande. Durante seis meses do ano, o Sol aparece no céu cada vez mais próximo do horizonte: é o longo dia polar do verão. Nos seis meses restantes, o Sol não aparece no céu: é a longa noite polar do inverno.

Enquanto no Polo Norte ocorre o dia polar, no Polo Sul ocorre a noite polar.

Quanto mais perto chegamos do Polo Norte, mais tempo duram a noite polar do inverno e o dia polar do verão.

As pessoas que vivem próximas ao Polo Norte já estão acostumadas com dias e noites mais longos. Mas os turistas que visitam a região estranham bastante e dormem mal.

Nas regiões próximas ao Polo Norte, durante o verão, ocorre o Sol da meia-noite em alguns dias. O Sol chega perto do horizonte à meia-noite, mas não se põe.

Assim, nesse dia do verão acontece o dia polar, como mostram as fotos a seguir. Quando chega o inverno, acontece o contrário: durante 24 horas o Sol não aparece no céu.

Sol em um dia curto do inverno polar.

Sol da meia-noite na Noruega.

O que é movimento aparente?
Se você subir em um gira-gira, fizer o brinquedo rodar e fixar sua atenção em um colega sentado à sua frente, terá a impressão de estar parado, com o resto do mundo girando ao redor.
Esse "girar do resto do mundo" é um movimento aparente, pois quem está girando é você.

ATIVIDADES

1 Responda.

a) Como se chama o movimento da Terra em torno de si mesma?
___

b) Como se chama o movimento da Terra ao redor do Sol?
___

2 O que é o eixo de rotação da Terra?
___
___

3 Marque com um **X** a afirmação correta e, depois, reescreva as afirmações erradas, corrigindo-as.

☐ O movimento de translação dá origem aos dias.

☐ O Sol parece se mover no céu.

☐ A Terra dá uma volta completa ao redor do Sol em 354 dias, 5 horas e 48 minutos.

___
___

4 Escolha no quadro as palavras que completam corretamente as frases.

> inclinação – verão – inverno – dia

a) No _____, os dias são mais longos que as noites.

b) No _____, as noites são mais longas que os dias.

c) A duração do _____ está sempre mudando.

d) A _____ do eixo da Terra é responsável pela variação na duração dos dias e das noites.

As estações do ano

A Terra é aquecida e iluminada diariamente por raios solares.

Seu formato esférico e sua inclinação fazem com que os raios solares se distribuam de forma desigual em algumas regiões do planeta.

O movimento de translação, associado a esses fatores, permite observar durante o ano, em muitas regiões da Terra, a sucessão de quatro estações. Cada estação dura aproximadamente três meses.

Observe a seguir o esquema do movimento de translação e a variação da incidência dos raios solares na Terra.

Observe, na figura, que no dia 21 de junho começa o verão no Hemisfério Norte, enquanto no Hemisfério Sul começa o inverno.

Como o Brasil tem uma grande extensão territorial, as características das estações do ano são diferentes de uma região para outra e bastante marcadas pela ocorrência ou não de chuvas.

No Norte, Centro-Oeste e Sudeste, o período de chuvas começa na primavera e estende-se até o verão. Nessas regiões, o outono e o inverno são secos.

No Sul do Brasil a ocorrência de chuvas é maior no verão, embora a região não tenha grande variação da quantidade de chuvas.

Algumas regiões do Nordeste têm chuvas durante o outono e inverno e secas a partir da primavera.

ATIVIDADES

1 Responda.

a) O que dá origem às estações do ano?
_____

b) Em que estação do ano nós estamos?
_____

c) Quanto tempo dura, aproximadamente, cada uma das estações do ano?
_____

d) Por que no Brasil as estações do ano não são bem evidentes em todas as regiões?
_____
_____

2 Observe novamente o esquema e responda à pergunta.

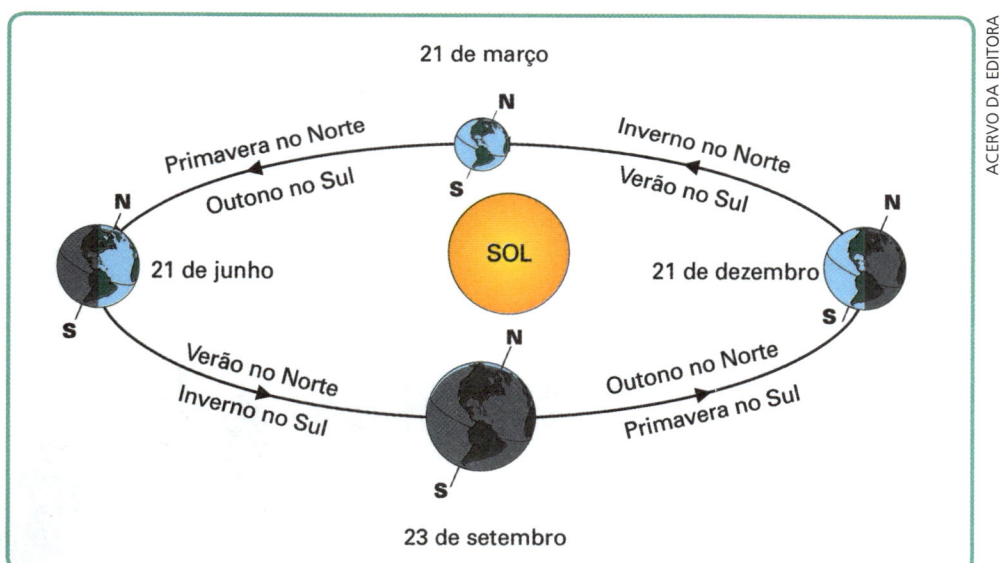

Quando é inverno no Hemisfério Norte, que estação é no Hemisfério Sul?
_____

3 Escreva como é:

a) o verão na região onde você vive.
_____

b) a primavera na região onde você vive.

_____
_____

4 Observe as duas imagens para responder às questões.

A

B

a) Sabendo que as fotos foram tiradas em 1º de fevereiro, indique em qual hemisfério estavam as crianças.

_____
_____

b) Por que é possível essa situação na mesma data do ano?

_____
_____

5 A foto ao lado é de um garoto chamado John. Ele mora no Canadá. Imagine que você tivesse de escrever uma carta para ele contando como é o inverno onde você mora. Use as linhas a seguir para mostrar qual seria o conteúdo da carta.

_____
_____
_____
_____

A Lua

A Lua emoldurada pelo horizonte da Terra, em foto feita pela Estação Espacial Internacional, Expedição 10.

A Lua gira em torno da Terra e também em torno de si mesma. Esses movimentos combinados fazem com que exista uma parte da superfície da Lua, cerca de 41%, que nunca esteja voltada para a Terra. Durante séculos as pessoas imaginavam como seria esse outro lado. A curiosidade só foi satisfeita em 1959, quando uma nave espacial russa conseguiu finalmente fotografar o "lado escondido da Lua".

A ausência de atmosfera na Lua faz que o céu seja escuro e a temperatura fique muito alta durante o dia e muito baixa à noite. Além disso, sua superfície é bombardeada por **meteoritos**. Por isso, nela existem muitas crateras.

As fases da Lua

Assim como a Terra, a Lua não possui luz própria. Conseguimos enxergá-la porque ela é iluminada pelo Sol. Essa iluminação depende da posição da Lua e da Terra em relação ao Sol. Por isso, ao longo de um mês de observação, a Lua, vista da Terra, parece mudar de forma. Essas diferentes formas são chamadas fases.

De uma fase de Lua cheia à outra, passam-se 29 dias e 12 horas. Esse ciclo é o mês lunar. Veja na página seguinte os esquemas que explicam as fases da Lua.

VOCABULÁRIO

meteoritos: astros que atravessam a atmosfera e caem na Terra.

Lua cheia

Nessa fase, a face da Lua voltada para a Terra está toda iluminada.

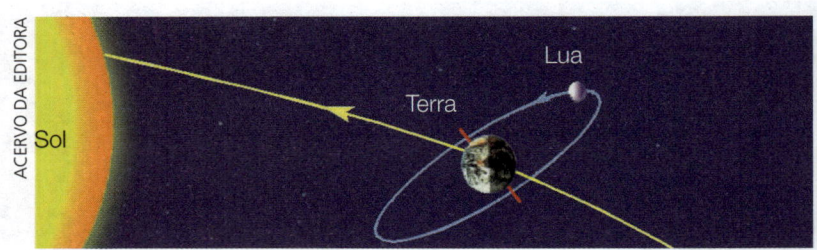 

Lua minguante

Durante os sete dias seguintes à fase de Lua cheia, a Lua gira ao redor de si mesma e ao redor da Terra.

A face voltada para nosso planeta fica cada vez menos iluminada.

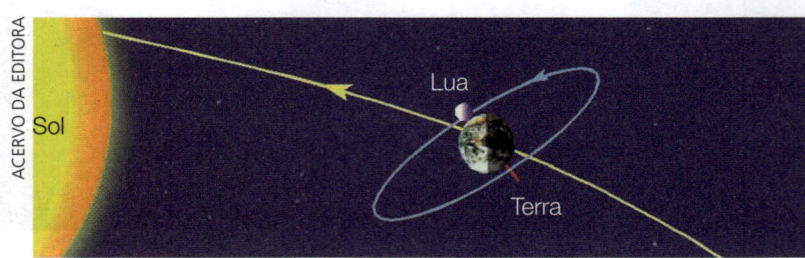 

Lua nova

Sete dias depois, a face da Lua voltada para a Terra não recebe luz. A Lua fica quase invisível.

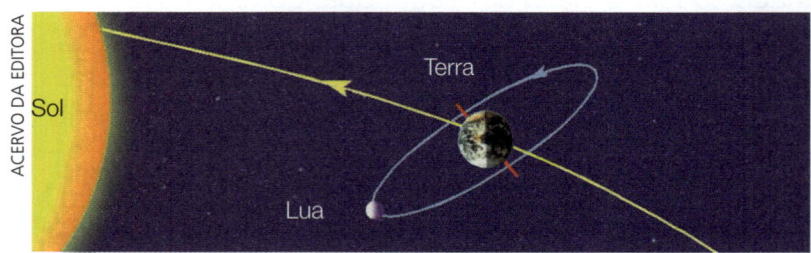 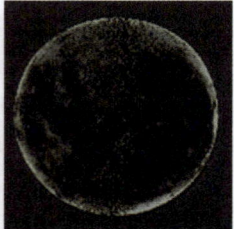

Lua crescente

A Lua continua a girar e, a cada dia, aumenta a parte iluminada da face voltada para a Terra. Sete dias depois, ela está totalmente iluminada.

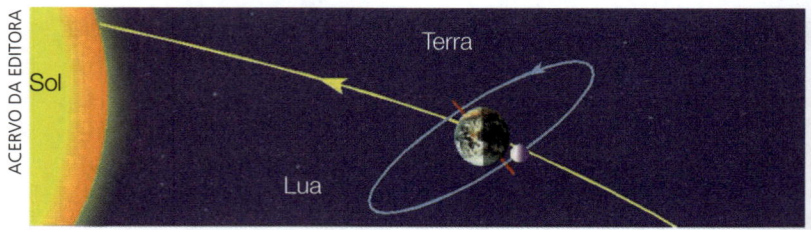 

Nas figuras desta página, as cores utilizadas são ilustrativas e a proporção da Terra em relação ao Sol e da Lua em relação à Terra não correspondem à realidade.

Eclipses lunares

Quando a Terra fica entre o Sol e a Lua, ocorre um eclipse lunar. Durante o eclipse, a Lua atravessa a sombra da Terra.

Quando apenas parte da Lua fica encoberta, o eclipse é parcial. No eclipse total, a Lua fica inteiramente encoberta pela Terra.

Existe outro tipo de eclipse, conhecido como eclipse solar. Nesse eclipse, a Lua fica posicionada entre o Sol e a Terra.

Ilustração mostrando um eclipse total da Lua. As cores utilizadas são ilustrativas e a proporção da Terra em relação ao Sol e da Lua em relação à Terra não correspondem à realidade.

ATIVIDADES

1 Teste seus conhecimentos.

a) Por que conseguimos enxergar a Lua?
___

b) Por que a Lua parece mudar de forma?
___
___

c) Quais são as fases da Lua?
___

d) Quanto tempo a Lua leva para mudar de fase?
___

e) Consulte um calendário e anote em que fase a Lua estará daqui a dez dias.
___
___

2 Por que o céu visto da Lua é escuro?

_____

3 Marque a resposta correta com um **X**. O eclipse lunar acontece quando:

☐ a Lua fica entre o Sol e a Terra.

☐ o Sol fica entre a Lua e a Terra.

☐ a Terra fica entre o Sol e a Lua.

4 Complete a frase.

A Lua é o único _____ da Terra.

5 A imagem a seguir mostra um eclipse total da Lua. Desenhe no quadro as posições do Sol, da Terra e da Lua durante esse fenômeno.

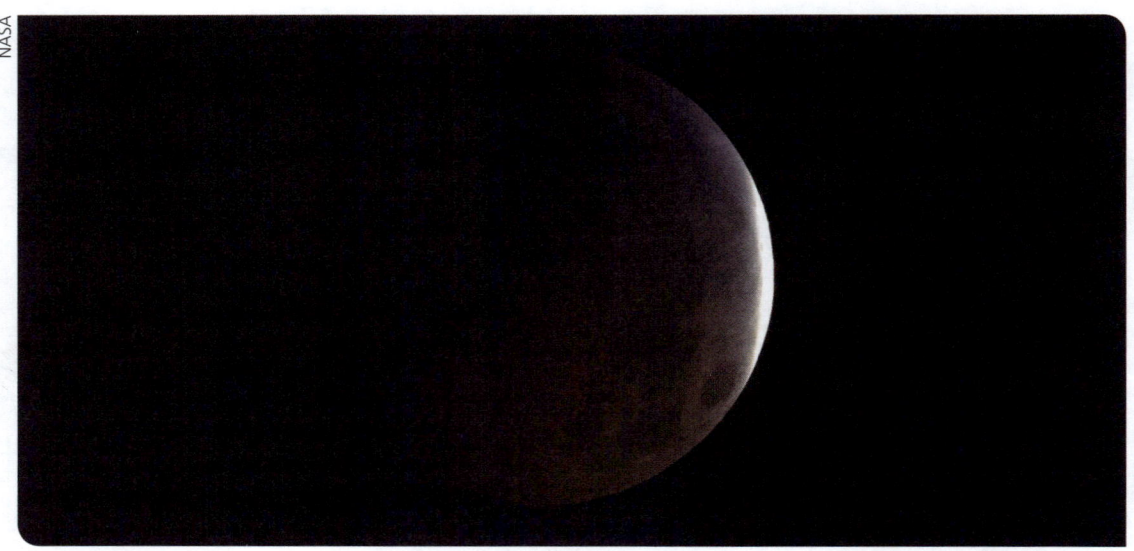

Eclipse total da Lua.

Os corpos celestes e a passagem do tempo

Há muito tempo, o ser humano utiliza os movimentos dos corpos celestes para medir a passagem do tempo.

A mudança de posição da luz solar é uma das formas de medir as horas do dia em função do movimento de rotação da Terra.

Quando conseguimos ver o Sol surgir no horizonte, notamos que ele nasce em um lado e, conforme as horas passam, a posição da luz solar se altera, até ela sumir no horizonte no lado oposto.

Veja a representação desse movimento aparente do Sol.

Meio-dia.

Nascer do sol.

Pôr do sol.

Mas não é apenas a posição da luz do Sol que é usada para marcar a passagem do tempo. Alguns calendários antigos eram baseados nas fases da Lua. Cada fase da Lua corresponde ao período aproximado de uma semana, e as quatro fases juntas somam 29 dias e meio. Esse período de tempo era conhecido como mês lunar. Isso significa que um ano lunar tem, aproximadamente, 354 dias.

O calendário que usamos atualmente adota o ano solar. Ele é baseado no tempo que a Terra leva para dar uma volta ao redor do Sol. O ano solar tem 365 dias e 6 horas.

A unidade básica do calendário é o dia. Ele é resultado da rotação da Terra ao redor de si mesma e dura 24 horas.

Os 365 dias do ano são divididos em 12 meses. Mas essa conta não é exata porque restam as seis horas que compõem o ano. Para que os cálculos fiquem corretos, a cada quatro anos é preciso somar um dia a mais ao ano. Esse dia é acrescentado no mês de fevereiro. Quando o mês de fevereiro tem 29 dias, o ano chama-se bissexto.

2023

JANEIRO	FEVEREIRO	MARÇO	ABRIL
D S T Q Q S S	D S T Q Q S S	D S T Q Q S S	D S T Q Q S S
1 2 3 4 5 6 7	. . . 1 2 3 4	. . . 1 2 3 4	 1
8 9 10 11 12 13 14	5 6 7 8 9 10 11	5 6 7 8 9 10 11	2 3 4 5 6 7 8
15 16 17 18 19 20 21	12 13 14 15 16 17 18	12 13 14 15 16 17 18	9 10 11 12 13 14 15
22 23 24 25 26 27 28	19 20 21 22 23 24 25	19 20 21 22 23 24 25	16 17 18 19 20 21 22
29 30 31	26 27 28	26 27 28 29 30 31	23 24 25 26 27 28 29
			30

MAIO	JUNHO	JULHO	AGOSTO
D S T Q Q S S	D S T Q Q S S	D S T Q Q S S	D S T Q Q S S
. 1 2 3 4 5 6	. . . . 1 2 3	 1	. . 1 2 3 4 5
7 8 9 10 11 12 13	4 5 6 7 8 9 10	2 3 4 5 6 7 8	6 7 8 9 10 11 12
14 15 16 17 18 19 20	11 12 13 14 15 16 17	9 10 11 12 13 14 15	13 14 15 16 17 18 19
21 22 23 24 25 26 27	18 19 20 21 22 23 24	16 17 18 19 20 21 22	20 21 22 23 24 25 26
28 29 30 31	25 26 27 28 29 30	23 24 25 26 27 28 29	27 28 29 30 31
		30 31	

SETEMBRO	OUTUBRO	NOVEMBRO	DEZEMBRO
D S T Q Q S S	D S T Q Q S S	D S T Q Q S S	D S T Q Q S S
. . . . . 1 2	1 2 3 4 5 6 7	. . . 1 2 3 4	. . . . . 1 2
3 4 5 6 7 8 9	8 9 10 11 12 13 14	5 6 7 8 9 10 11	3 4 5 6 7 8 9
10 11 12 13 14 15 16	15 16 17 18 19 20 21	12 13 14 15 16 17 18	10 11 12 13 14 15 16
17 18 19 20 21 22 23	22 23 24 25 26 27 28	19 20 21 22 23 24 25	17 18 19 20 21 22 23
24 25 26 27 28 29 30	29 30 31	26 27 28 29 30	24 25 26 27 28 29 30
			31

O calendário que mede o tempo com base no movimento dos corpos celestes precisa de pequenos ajustes. É por isso que os meses têm 30, 31, 28 ou 29 dias. Atualmente, no Brasil e em muitos outros países, utiliza-se o calendário gregoriano. Esse calendário foi proposto em 15 de outubro de 1582, por ordem do papa Gregório XIII.

Antigamente, a única maneira de controlar a passagem do tempo era observando o Sol ou a Lua.

Para marcar os dias, os meses e os anos, temos o calendário. Para contar as horas, utilizamos o relógio.

Antes da invenção do relógio mecânico, as pessoas utilizavam outros tipos de relógio. Um deles é o relógio de sol. Ele indica a hora pela sombra de um marcador. À medida que o dia avança, essa sombra movimenta-se em posições diferentes, indicando as horas.

O relógio de sol marca o tempo pela sombra do marcador, que muda de posição conforme a Terra faz o movimento de rotação.

ATIVIDADES

1 Teste seus conhecimentos.

a) O que é calendário?

_____

b) Qual é o tipo de calendário utilizado no Brasil?

_____

c) Como se chama a unidade básica do calendário?

_____

2 Qual é a duração do:

a) dia? _____

b) mês? _____

c) ano? _____

d) mês lunar? _____

3 Complete.

Um _____ tem duração de 365 dias, mas a cada _____ anos ele tem _____ dia a mais para compensar a diferença de _____ horas, acumulada de cada um dos quatro anos, num total de 24 horas ou um dia.

Nesses anos, chamados de anos _____, o mês de _____ tem _____ dias.

4 Pesquise e escreva.

a) O nome dos meses que têm:

30 dias: _____

31 dias: _____

28 ou 29 dias: _____

b) Quando será o próximo ano bissexto?

_____

5 Como as horas são marcadas no relógio de sol?

_____

_____

_____

_____

6 Vamos descobrir em qual mês do ano há mais aniversariantes. O professor vai perguntar o mês de aniversário de cada aluno e todos anotam um traço no mês correspondente da tabela.

Janeiro	
Fevereiro	
Março	
Abril	
Maio	
Junho	
Julho	
Agosto	
Setembro	
Outubro	
Novembro	
Dezembro	

a) Em que mês há mais aniversariantes? _____

b) O mês que tem mais aniversariantes pertence a qual estação do ano?

_____

c) Agora, vamos construir um gráfico com os dados obtidos na tabela, pintando no espaço quadriculado a quantidade de alunos que faz aniversário em cada mês. Use cores diferentes para cada mês do ano.

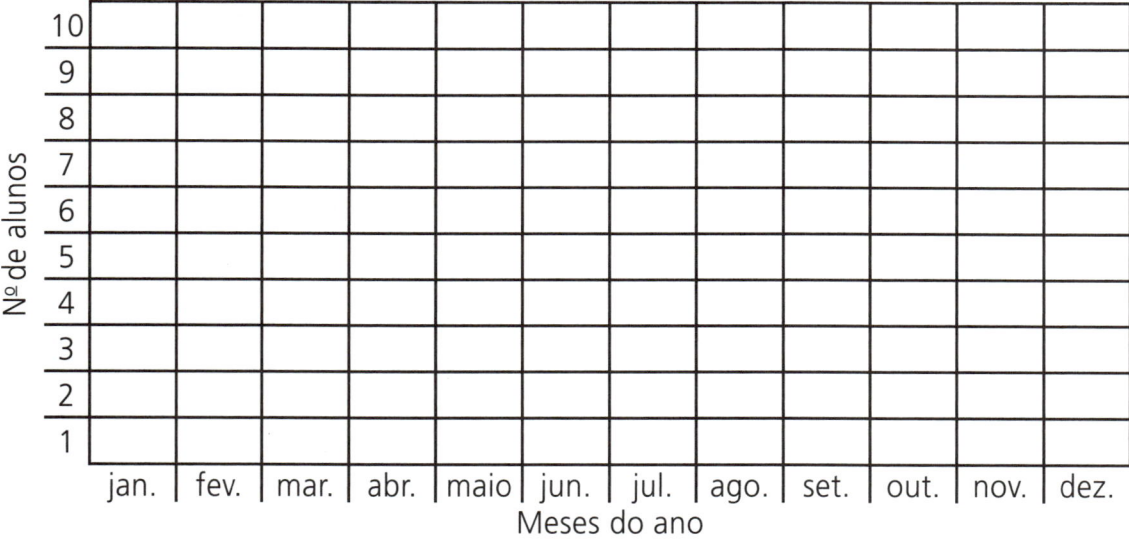

Os pontos cardeais

O nascer do Sol ocorre na direção leste, e o poente, na direção oeste. É possível identificar esses pontos, além do norte e do sul, por meio da projeção de sombras que a luz solar produz ao incidir nos objetos.

Para isso, é necessário fincar uma haste de madeira ou metal em um local ao ar livre que seja bem iluminado pela luz solar. Com a haste no centro, faça um círculo em volta dela. O diâmetro do círculo deve ter a metade da altura da haste. No decorrer de um dia, identifique os pontos em que a ponta da haste projeta a sombra no círculo, marcando a hora.

Trace uma reta que una o ponto da primeira hora marcada pela manhã com o último ponto assinalado no período da tarde. A extremidade da reta da primeira hora da manhã estará voltada para o leste e a extremidade oposta indica o lado oeste. Trace uma reta da haste até a circunferência. No ponto da reta que encosta na haste é o norte, e no outro ponto, o sul. Veja a representação dessa projeção.

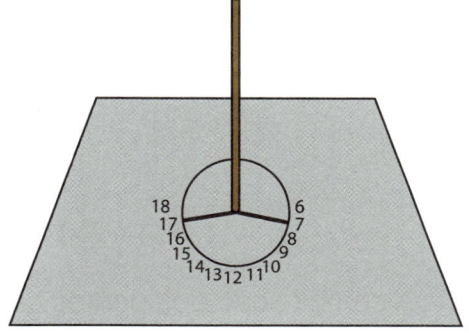
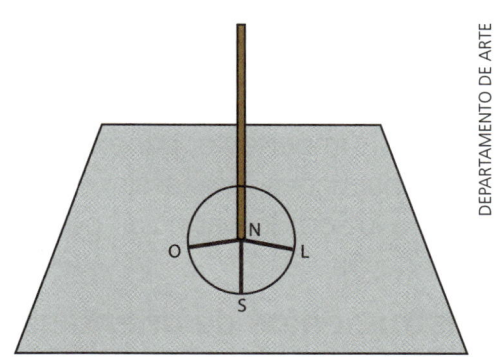

Representação esquemática da projeção da sombra da luz do Sol no decorrer do dia.

Como a posição da Terra em relação ao Sol muda no decorrer do ano em função do movimento de translação, a incidência da luz solar na superfície terrestre também muda de posição conforme se passam os meses, mas sempre, no Brasil, o nascer do Sol está voltado para o sentido leste, e o poente, para o oeste. O norte e o sul apontam para os polos do planeta. Veja as representações a seguir.

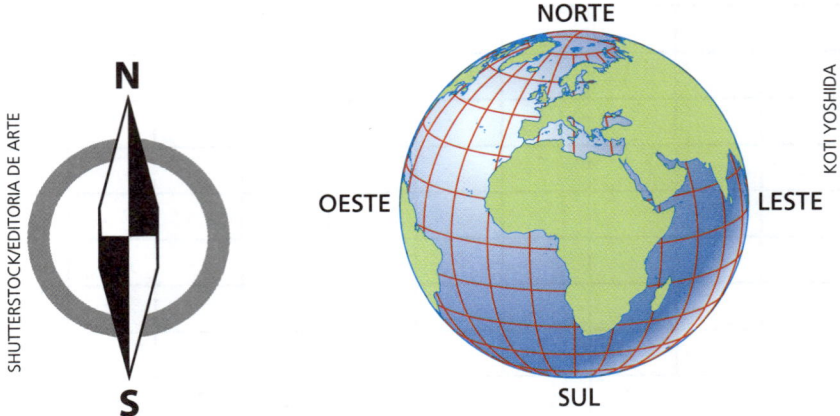

Entre cada um dos pontos cardeais existem regiões que foram denominadas nordeste, sudeste, sudoeste e noroeste. Essas direções são chamadas **pontos colaterais**. Como a distância entre o norte e o leste, por exemplo, é bem grande, os pontos colaterais são usados para indicar com mais precisão a localização de uma área do planeta. Os pontos colaterais são representados pelas primeiras letras de seus nomes:

Norte + Leste = Nordeste = **NE**
Leste + Sul = Sudeste = **SE**
Sul + Oeste = Sudoeste = **SO**
Oeste + Norte = Noroeste = **NO**

A combinação dos pontos cardeais e dos pontos colaterais geralmente é representada em uma figura chamada **rosa dos ventos**. Observe ao lado como é essa figura.

Identificar as faces leste, oeste, norte e sul dos lugares é importante, por exemplo, para o planejamento de construções, pois assim é possível identificar em que local a luz do Sol vai incidir pela manhã, ao meio-dia e no final do dia.

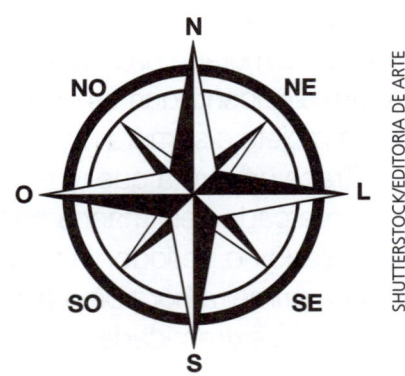

Instrumentos de orientação espacial

Para guiar as viagens, os antigos navegantes utilizavam vários instrumentos de orientação, como a balestilha, o astrolábio e a bússola.

A balestilha servia para medir a posição dos astros, inclusive das estrelas, que auxiliavam os navegadores a se orientar durante a noite. O astrolábio era um instrumento náutico utilizado desde 200 a.C. para observar e determinar a posição do Sol e das estrelas e também para medir a latitude e a longitude de determinado ponto.

Balestilha.

Astrolábio.

Utilizada desde o início do século XIII como instrumento de localização, a bússola é uma combinação da antiga rosa dos ventos, que tinha 32 pontos de referência e uma agulha magnetizada que sempre aponta para o Norte.

Antes disso, as estrelas serviram, durante muito tempo, como guias aos viajantes que não dispunham de instrumentos precisos de navegação e, por isso, observavam o céu para saber se estavam seguindo o caminho correto.

Bússola.

Ao norte do Equador (ou seja, no Hemisfério Norte), os navegantes se orientavam principalmente pela estrela Polar, e ao sul (ou seja, no Hemisfério Sul), pela constelação do Cruzeiro do Sul.

ATIVIDADES

1 Observe a foto do nascer do sol no Rio de Janeiro.

a) Considerando que a foto foi tirada de uma janela de apartamento, em qual direção está localizada essa janela?

☐ Norte.

☐ Leste.

☐ Sul.

☐ Oeste.

b) A luz solar vai entrar por essa janela durante todo o dia?

☐ Sim.   ☐ Não.

- Por quê? _____

2 Conforme a marcação das horas na ilustração a seguir, indique os pontos cardeais.

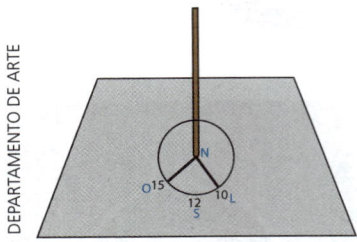

3 Indique os pontos colaterais na rosa dos ventos a seguir.

4 Indique os pontos cardeais na bússola a seguir.

EU GOSTO DE APRENDER

Leia os principais temas estudados nesta lição.

- Nosso planeta sofreu grandes transformações antes de apresentar os ambientes variados que vemos hoje.

- Ao longo de milhões de anos a Terra foi se resfriando e acumulando água líquida em sua superfície. A presença de água, luz e calor, associada a outros fatores, garante a vida em nosso planeta.

- A Terra movimenta-se no espaço ao redor do Sol, assim como os planetas Mercúrio, Vênus, Marte, Júpiter, Saturno, Urano e Netuno, formando o Sistema Solar.

- O planeta Terra gira ao redor de si mesmo, movimento chamado de rotação. A Terra leva aproximadamente 24 horas para dar um giro completo.

- O movimento da Terra ao redor do Sol, chamado de translação, leva cerca de 365 dias e 6 horas para completar uma volta.

- A inclinação do eixo terrestre associado ao movimento de translação dá origem às estações do ano: primavera, verão, outono e inverno.

- A Lua gira em torno da Terra e de si mesma. Ela não possui luz própria, por isso só conseguimos vê-la porque ela é iluminada pelo Sol.

- Vista da Terra, a Lua parece mudar de forma dependendo da sua posição e da posição da Terra em relação ao Sol. São as chamadas fases da Lua.

- O ser humano utiliza os movimentos dos corpos celestes para medir a passagem do tempo. Atualmente, o calendário é baseado no tempo que a Terra leva para dar uma volta ao redor do Sol.

- A mudança de posição da luz solar é usada também para indicar os pontos cardeais, que são norte, sul, leste e oeste.

- Existem os pontos colaterais, que são nordeste, sudeste, sudoeste e noroeste.

- A bússola é um instrumento bem antigo que indica os pontos cardeais a partir da indicação do Polo Norte.

ATIVIDADE

Carlos vai ao clube, mas antes deve passar pela casa de João para buscá-lo. Observe a planta a seguir e a rosa dos ventos e diga quais direções Carlos deverá seguir para chegar ao clube.

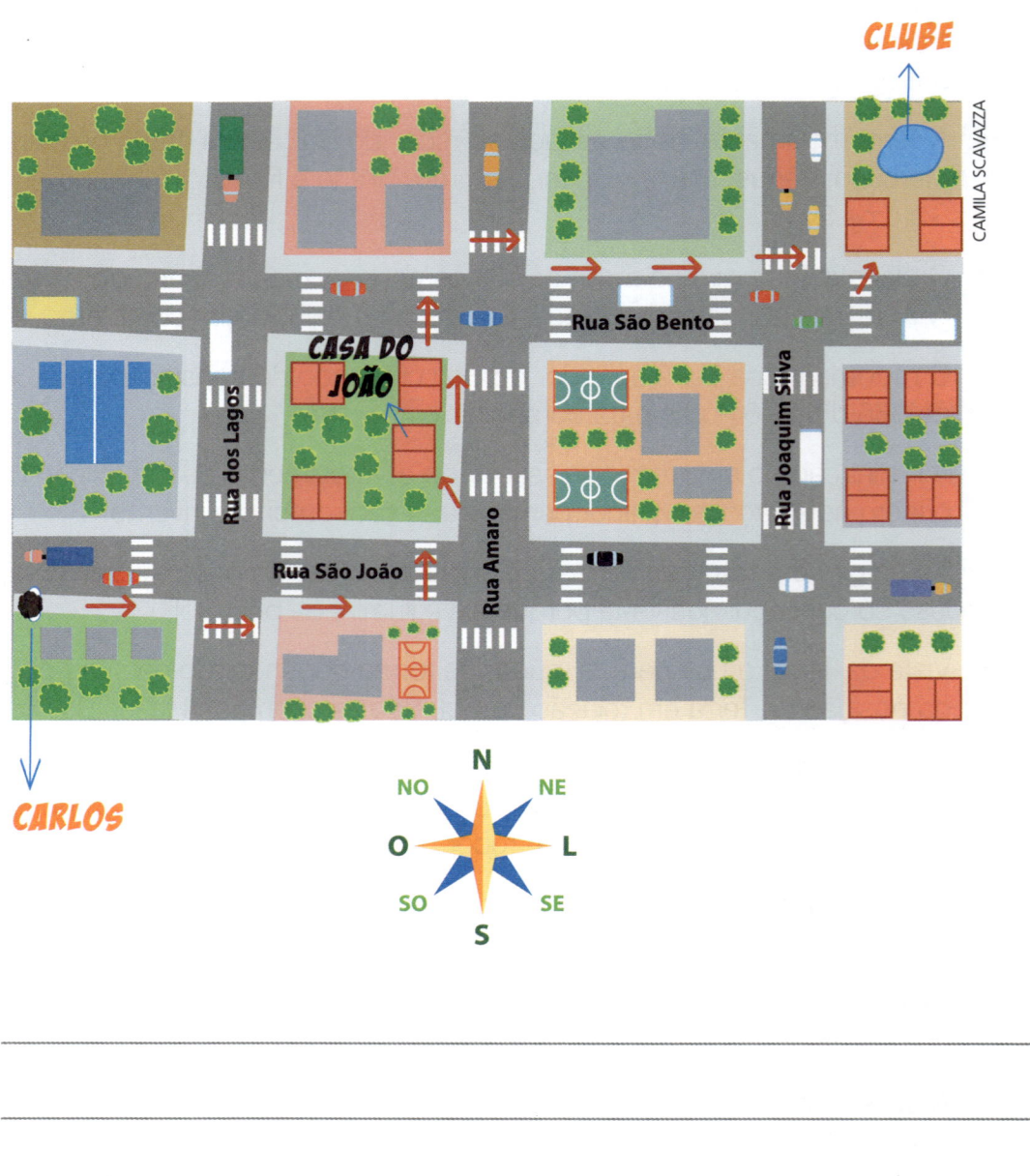

_____
_____
_____
_____

EU GOSTO DE APRENDER MAIS

O calendário indígena

Os povos indígenas utilizam a observação do céu como marcador de tempo. A mudança de posição da Lua e das constelações indicam determinados momentos do ano que coincidem com períodos de floração e frutificação de plantas, ciclo de vida de peixes, épocas de chuvas ou secas.

Com base nessas observações, que são passadas de geração para geração, vários povos constroem calendários que marcam épocas para a realização de diversas atividades que tradicionalmente desenvolvem, como mostra um exemplo de calendário indígena ao lado.

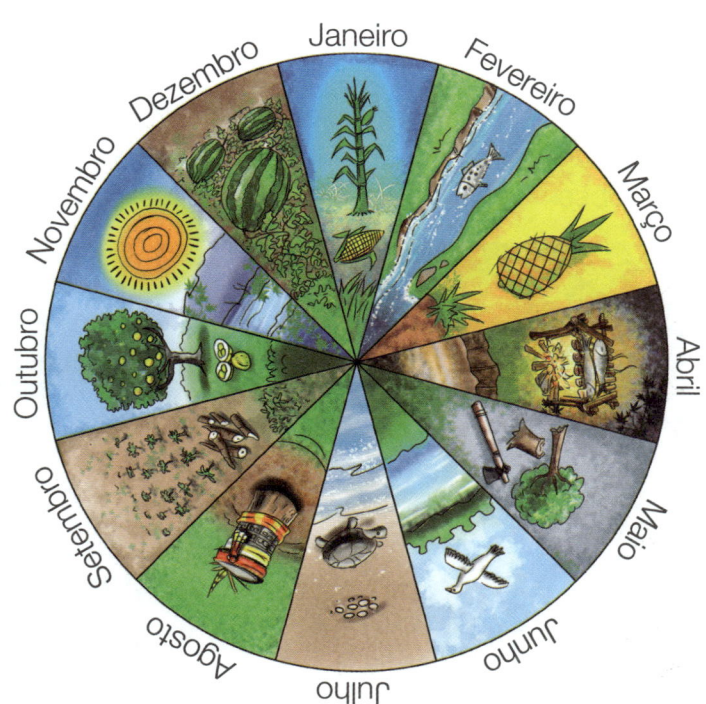

Gavazzi, Renato (org.). *Geografia indígena*: Parque Indígena do Xingu. São Paulo: Instituto Socioambiental/MEC, 1996. p. 55.

Quais são os marcos da passagem do tempo que estão indicados nesse calendário?

_____
_____
_____
_____
_____
_____
_____

LIÇÃO 2 — A MATÉRIA DA TERRA

Observe as imagens a seguir.

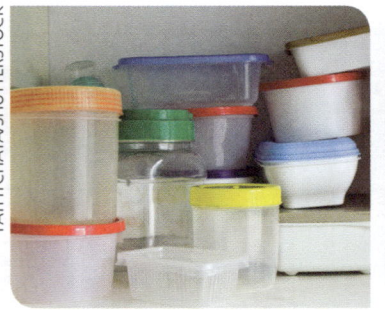

Tudo que está no nosso planeta é formado por matéria. Os seres vivos e os elementos não vivos são formados por matéria. A matéria pode ser separada em orgânica, quando tem origem a partir dos seres vivos, e em inorgânica, quando é proveniente daquilo que não tem vida: ar, água, solo, rochas e objetos feitos pelos seres humanos a partir da modificação dos materiais, como o plástico.

A quantidade de matéria que existe hoje na Terra é praticamente a mesma de quando o planeta se formou, há 4,5 bilhões de anos.

Os materiais da Terra são transformados por diversos processos que ocorrem naturalmente no planeta: montanhas se formaram pela força do interior da Terra; o vento e outros agentes desgastaram montanhas que se transformaram em planícies; muitos vales foram formados por rios; outros rios secaram; muitas espécies de seres vivos se extinguiram; muitas originaram novas espécies.

Assim, nesses bilhões de anos de existência do planeta, a matéria vem sendo constantemente transformada pela ação da água, do calor do Sol, dos ventos e dos processos que ocorrem no interior da Terra.

Formações rochosas de arenito esculpidas pelo vento e pela chuva. Parque Nacional do Monte Roraima, Uiramutã, RR, 2015.

Os estados físicos da matéria

Matéria é tudo que ocupa lugar no espaço. As pessoas, os animais, as plantas, a terra, o ar, a água, o solo, os objetos, enfim, tudo o que existe é matéria.

As pedras, a madeira, o ferro, os computadores, as borrachas, os cadernos etc. são exemplos de matéria no estado sólido.

A matéria no estado líquido não tem forma definida. Ela sempre toma a forma do recipiente (copo, jarra, panela etc.) em que está contida. A água, o xampu, o perfume, os refrigerantes, o óleo, o leite etc. são exemplos de matéria no estado líquido.

A matéria no estado gasoso também não tem forma definida. O ar, o gás de cozinha, o vapor-d'água etc. são exemplos de matéria no estado gasoso.

matéria no estado gasoso

matéria no estado líquido

matéria no estado sólido

A matéria pode estar em três estados físicos: sólido, líquido e gasoso.

A água, por exemplo, existe nos estados físicos sólido, líquido e gasoso. O gelo é água no estado sólido.

A água no estado líquido forma os oceanos, os mares e os rios.

A água líquida também forma as nuvens. Elas são o conjunto de gotinhas suspensas no ar.

Na condição de vapor, a água está no estado gasoso. Nesse estado ela é invisível e determina a umidade do ar. Quanto mais vapor-d'água existe no ar, mais úmido é o lugar.

Mudanças de estado físico

A matéria pode mudar de estado físico e a água é um dos melhores exemplos para estudar esse assunto.

A água passa de um estado físico para outro por causa das mudanças de temperatura.

SOLIDIFICAÇÃO

Colocada no congelador, onde a temperatura é bem baixa, a água transforma-se em gelo. Essa passagem da água do estado líquido para o sólido é a solidificação.

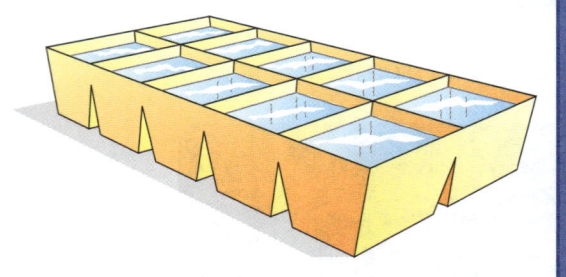

Solidificação: passagem da matéria do estado líquido para o estado sólido.

FUSÃO

Depois de um tempo fora do congelador, o gelo derrete – é a fusão. Isso acontece porque ele passou de um lugar frio para um lugar mais quente.

Fusão: passagem da matéria do estado sólido para o estado líquido.

VAPORIZAÇÃO

Quando a água ferve, ela vaporiza, ou seja, transforma-se em vapor-d'água por causa da temperatura alta. É a vaporização.

O vapor-d'água é invisível.

Quando a vaporização é lenta recebe o nome de evaporação.

Vaporização: passagem da matéria do estado líquido para o estado gasoso.

CONDENSAÇÃO

O vapor-d'água, ao encontrar uma temperatura mais baixa, muda do estado gasoso para o estado líquido – é a condensação.

O vapor condensado forma gotas em suspensão na tampa da chaleira, por exemplo.

Condensação: passagem da matéria do estado gasoso para o estado líquido.

Existem mais duas mudanças de estado, ambas chamadas **sublimação**. É a mudança que ocorre quando a matéria passa do estado sólido diretamente para o estado gasoso e vice-versa. É o que acontece com o chamado gelo-seco: o gás carbônico no estado sólido que passa para o gasoso. O mesmo ocorre com a cânfora, um produto usado para impedir a proliferação de traça nas roupas.

O gelo-seco é o gás carbônico em estado sólido que passa por sublimação para o estado gasoso.

Mudança de estado de alguns materiais

O mercúrio é um metal que, à temperatura ambiente, encontra-se no estado líquido. O mercúrio só passa para o estado sólido abaixo de 39 graus Celsius negativos!

O mercúrio em estado líquido é utilizado nos termômetros clínicos. Seu volume varia de acordo com a temperatura. Daí a possibilidade de medir a temperatura pela variação do volume do mercúrio ao longo da escala do termômetro.

No estado gasoso, o mercúrio é utilizado nas lâmpadas empregadas na iluminação urbana.

O ferro é um metal sólido à temperatura ambiente. A mesma coisa acontece com o alumínio, o cobre, o ouro, a prata e outros metais. Mas, quando eles são aquecidos a alta temperatura, acontece a fusão. Nessa mudança de estado, os metais se tornam líquidos.

Termômetro de mercúrio.

Graus Celsius é uma escala de medida de temperatura usada em alguns países, como no Brasil. O símbolo usado para indicar graus Celsius é °C. Essa escala de temperatura é usada diariamente para indicar a temperatura do ambiente e também quando medimos a temperatura do corpo para verificar se estamos com febre ou não. Nessa escala a água entra em estado de fusão a 0 °C e em estado de ebulição a 100 °C. Quando falamos em graus Celsius negativos quer dizer que a temperatura está abaixo de zero e é muito frio.

ATIVIDADES

1 O que é matéria?

_____

2 Complete as frases.

a) O ar é matéria no estado _____.

b) A pedra é matéria no estado _____.

c) O óleo é matéria no estado _____.

d) O livro é matéria no estado _____.

e) O vapor-d'água é matéria no estado _____.

3 Qual é a forma que assume a matéria no estado líquido?

_____

_____

4 Pesquise e cole (ou desenhe) em seu caderno figuras que representem a matéria nos estados sólido, líquido e gasoso.

5 Responda:

a) Em que estados físicos a água pode ser encontrada na natureza?

_____

_____

b) Quando a água passa de um estado físico para outro?

_____

_____

6 Cite um material que passa do estado líquido para o sólido somente em temperaturas muito baixas.

_____

7 Como podemos definir:

a) solidificação?

___

b) fusão?

___

c) vaporização?

___

d) condensação?

___

8 Escreva o nome de formações ou lugares da natureza onde encontramos a água nas formas: sólida, líquida e gasosa.

___

___

___

9 Observe as imagens de etapas da produção do ferro ou aço. (1) O processo começa com a extração de minério de ferro, (2) sua fusão e, depois, (3) a finalização em chapas ou barras de ferro ou aço.

a) O que é necessário para que ocorra a mudança da temperatura da etapa 1 para a 2?

___

b) O que precisa acontecer com a temperatura entre a etapa 2 e a 3?

___

EU GOSTO DE APRENDER

Leia os principais temas estudados nesta lição.
- A matéria é a composição de tudo que tem ou não vida em nosso planeta e ocupa lugar no espaço. Ela pode ser separada em orgânica e inorgânica.
- A matéria vem sendo transformada ao longo de seus bilhões de anos pela ação do vento, da água, do calor do Sol e da força do interior da Terra.
- A matéria pode estar nos estados físicos sólido, líquido e gasoso. Ela passa de um estado físico para outro por causa das mudanças de temperatura.
- A água pode ser encontrada na natureza nos estados sólido, líquido e gasoso.
- As mudanças do estado físico da água são: a solidificação, a fusão, a vaporização e a condensação.

ATIVIDADES

1 Indique o tipo de matéria de acordo com a descrição.

| O | Matéria orgânica | I | Matéria inorgânica |

- ☐ Rochas.
- ☐ Frutas.
- ☐ Plástico.

- ☐ Água.
- ☐ Ar.
- ☐ Peixes.

2 Quais são os agentes naturais que transformam a matéria em nosso planeta?

_____
_____
_____
_____

EU GOSTO DE APRENDER MAIS

Constituição da matéria

De que é formada a matéria?

Desde os tempos mais antigos os seres humanos se interessaram em saber do que a matéria é constituída.

Na Grécia Antiga, há milhares de anos, alguns sábios já afirmavam que a matéria poderia ser dividida em partes cada vez menores, até atingir uma partícula tão pequena que não poderia mais ser dividida.

Essa partícula foi por eles chamada **átomo** (a = não; tomo = parte).

Durante muitos séculos, pouco foi descoberto sobre esse assunto. Só no final do século XVIII e começo do século XIX, os cientistas tiveram condições de explicar a existência do átomo.

Em 1808, o cientista inglês John Dalton apresentou a seguinte explicação: "Toda e qualquer porção de matéria é formada por partículas extremamente pequenas chamadas átomos. Esses átomos não podem ser divididos nem transformados em outros átomos".

Outros cientistas continuaram as pesquisas e verificaram que na natureza existem 92 tipos de átomos naturais. Esses átomos podem unir-se e formar todos os tipos de materiais que existem. Muitos materiais são formados pela combinação de diferentes tipos de átomos. Você já deve ter visto ou ouvido a fórmula da água: H_2O. Isso significa que ela é formada por dois átomos de hidrogênio (H) e um átomo de oxigênio (O), assim como o gás carbônico, cuja fórmula é CO_2, que indica um átomo de carbono e dois de oxigênio. E essa lista de materiais não tem fim.

ATIVIDADE COMPLEMENTAR

Pesquise um rótulo de garrafa de água mineral e identifique que outros componentes podem estar presentes na água.

O que são esses elementos?

_____
_____
_____
_____

LIÇÃO 3 — A COMBUSTÃO DOS MATERIAIS

Observe as imagens a seguir.

Além da diferença clara entre as duas imagens – uma delas é o balde com gelo derretendo, e a outra, a lenha queimando em uma fogueira –, há uma distinção ainda maior entre elas.

A água na forma de gelo, mesmo derretendo, continua sendo água, já a lenha que queima na fogueira se transforma em cinza. A água derretida do gelo, pode voltar a ser gelo novamente, basta resfriarmos. Já a lenha, ao sofrer o processo de queima, transforma-se totalmente.

No processo de queima da lenha, ocorreu a combustão.

A combustão transforma os materiais de modo que não é possível que sejam revertidos ao que eram antes. Por isso, dizemos que é uma transformação química, isto é, por intermédio dela as substâncias iniciais sofrem alterações e outras substâncias são formadas. Nesse tipo de transformação, as substâncias iniciais não podem mais voltar ao seu estado inicial.

A combustão é a queima de materiais.

O oxigênio é o gás que possibilita e mantém a combustão. Durante a queima, o oxigênio é consumido. Se não houver renovação do ar, o gás oxigênio acaba e o material para de queimar. A combustão termina.

Durante a combustão, forma-se o gás carbônico e há liberação de energia. Podem se formar também outras substâncias conforme o material que está em combustão. Muitas dessas substâncias são tóxicas ao organismo.

Durante os incêndios na mata, os bombeiros usam areia ou um gás para impedir que o gás oxigênio alimente o fogo.

Ao abanar uma fogueira, por exemplo, é possível observar facilmente que o gás oxigênio mantém a combustão, pois quanto mais abanamos, mais forte o fogo fica.

O gás oxigênio e a combustão

Para observar a necessidade do gás oxigênio na combustão, você pode realizar, com a ajuda de um adulto, os dois experimentos a seguir.

EXPERIÊNCIA 1

Acenda uma vela (curta) e cubra-a com um copo.

Observe que a chama queima por alguns instantes e logo se apaga.

Como o copo impede a renovação do ar, a vela só queima enquanto há gás oxigênio dentro do copo.

EXPERIÊNCIA 2

Coloque uma vela dentro de um copo com uma mistura de água e bicarbonato de sódio. Acenda a vela. Coloque um pouco de vinagre dentro do copo e observe como, em pouco tempo, a vela se apaga.

O bicarbonato de sódio com o vinagre produz gás carbônico. O gás carbônico substitui o gás oxigênio ao redor da chama, extinguindo o fogo. Sem o gás oxigênio, a vela para de queimar.

O gás carbônico é usado em extintores de incêndio.

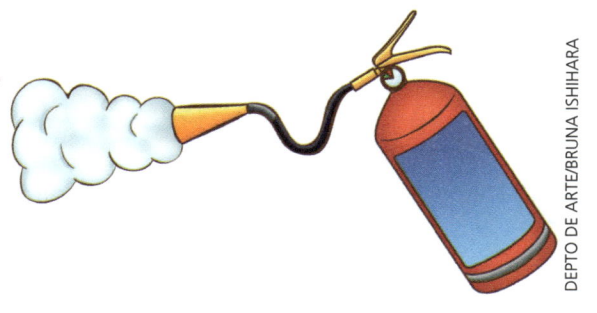

Atenção!
Esses experimentos só devem ser feitos na presença de um adulto, pois o fogo causa queimaduras.

ATIVIDADES

1 A combustão é uma transformação reversível? Por quê?

_____

2 O que é combustão?

_____

3 Que gás é fundamental para que haja combustão?

_____

4 Quanto mais abanamos o fogo, mais forte ele fica. Isso acontece porque:

☐ aumentamos a quantidade de ar com gás oxigênio.

☐ não há renovação do ar.

5 De acordo com os experimentos, responda.

a) Por que a vela acesa, coberta por um copo, apaga-se depois de certo tempo?

_____

_____

b) O que acontece com o gás oxigênio que mantém a vela queimando?

_____

6 Como se pode interromper a queima de materiais?

_____

_____

7 Indique um uso prático do gás carbônico para combater o fogo.

_____

_____

A combustão como fonte de calor

A combustão produz luz e calor. A luz ilumina e o calor aquece, cozinha alimentos, movimenta veículos, funde metais para a fabricação de objetos, além de outros usos.

Para ocorrer a combustão, é necessário ter o combustível, o comburente e o calor inicial.

- **Combustível** é a substância que queima e libera energia.
- **Comburente** é a substância que alimenta a combustão, como o gás oxigênio do ar.
- **Calor inicial** é o calor que inicia a combustão, como um raio ou a chama do fósforo.

A madeira é um combustível.

O fósforo fornece calor inicial para a combustão.

Os combustíveis são utilizados como fonte de calor para o preparo de alimentos e como fonte de energia para o transporte. Eles podem ser gasosos, sólidos ou líquidos.

Os combustíveis gasosos são o gás de cozinha, que é uma mistura de gases, parte deles no estado líquido, o hidrogênio e outros. Um dos combustíveis gasosos mais utilizados é o gás natural retirado do interior da Terra.

O gás de cozinha é o combustível usado para cozinhar alimentos.

O hidrogênio é um combustível gasoso usado nos foguetes que colocam satélites girando ao redor da Terra.

A lenha e o carvão são exemplos de combustíveis sólidos. Inúmeras padarias e restaurantes ainda utilizam esses combustíveis para a produção de alimentos.

Automóveis, caminhões, trens, navios e aviões utilizam combustíveis líquidos como o álcool, a gasolina, o óleo diesel e o querosene.

O combustível dos aviões é o querosene.

Os combustíveis dos automóveis são a gasolina, o álcool e o gás de veículos.

49

ATIVIDADES

1 Como a luz e o calor produzidos na combustão são aproveitados pelo ser humano?

_____

_____

_____

2 O que é:
  a) combustível?

  _____

  b) comburente?

  _____

  c) calor inicial?

  _____

3 Que tipo de combustível é o gás de cozinha?

_____

4 Onde é utilizado o gás hidrogênio?

_____

5 Dê dois exemplos de cada tipo de combustível e escreva onde podem ser utilizados.
  a) Combustíveis sólidos.

  _____

  _____

  b) Combustíveis líquidos.

  _____

  _____

O efeito estufa

O efeito estufa é o fenômeno causado pela concentração de gases na atmosfera, principalmente gás carbônico ou dióxido de carbono. Esses gases funcionam como uma capa que não deixa o calor da irradiação solar absorvido na superfície da Terra escapar para o espaço. Esse efeito aquece a Terra, tanto durante o dia como à noite. Sem o efeito estufa, a temperatura ambiente seria baixa e não haveria condições de existir vida na Terra.

Entretanto, por causa das atividades humanas, a concentração de gases de efeito estufa na atmosfera tem aumentado muito nos últimos 250 anos. Isso ocorre principalmente pela queima de combustíveis fósseis, como carvão, petróleo e gás natural, e pelo desmatamento e queimadas de florestas.

Como consequência, a temperatura média da Terra vem aumentando.

O Acordo de Paris, assinado em 2015 por 195 países, inclusive o Brasil, prevê a redução de gases que provocam o efeito estufa até 2025.

Automóveis, ônibus e caminhões são um dos maiores causadores do aumento de gases de efeito estufa na atmosfera.

Área desmatada e queimada de floresta no Pará. No Brasil, 58% das emissões de gases estufas vem dos desmatamentos e de queimadas.

ATIVIDADES

1 O que é efeito estufa?

_____

_____

_____

2 Explique as causas e as consequências do aumento do efeito estufa nos últimos 250 anos.

_____

_____

EU GOSTO DE APRENDER

Leia os principais temas estudados nesta lição.

- A combustão é a queima de materiais, uma transformação química em que as substâncias iniciais sofrem alterações e outras substâncias são formadas.
- Durante a combustão, o gás oxigênio é consumido, o que possibilita e mantém a queima do material.
- Para ocorrer a combustão, é necessário ter o combustível, o comburente e o calor inicial.
- Os combustíveis são utilizados como fonte de calor e energia. Eles podem ser gasosos, sólidos ou líquidos.
- O efeito estufa é o fenômeno causado pela concentração de gases na atmosfera que formam uma espécie de capa que não deixa o calor absorvido pela superfície da Terra escapar para o espaço.
- O efeito estufa aquece a Terra. Sem ele, a temperatura do planeta seria baixa.
- As atividades humanas vêm aumentando a concentração de gases de efeito estufa na atmosfera e, como consequência, a temperatura média do planeta está aumentando.

ATIVIDADE

- A emissão de gases que intensificam o efeito estufa tem contribuído para o aquecimento global do planeta. Faça uma pesquisa e proponha soluções que possam diminuir o aquecimento global.

_____

_____

LEIA MAIS

A lenda do fogo

Márcio Souza. São Paulo: Lazuli & Companhia Editora Nacional, 2011.

Essa lenda, narrada pelo consagrado escritor Márcio Souza, traz uma explicação indígena de como o fogo passou a pertencer aos povos indígenas.

LIÇÃO 4

OUTRAS TRANSFORMAÇÕES QUÍMICAS

Observe as imagens a seguir.

Você consegue perceber a diferença entre essas duas metades de maçãs? Já viu a fruta desses dois modos?

A primeira imagem é de uma maçã recém-cortada. A segunda, de uma maçã cortada depois de certo tempo. Como você pode ver nas imagens, a maçã da segunda imagem escureceu.

Esse processo ocorre em função da presença do oxigênio no ar.

O oxigênio é um componente muito importante para a vida na Terra. Sem ele não conseguiríamos sobreviver, porque dependemos dele para respirar, assim como quase todos os demais seres vivos. Esse elemento tão fundamental também está presente em outras substâncias, como a água.

Na natureza existem inúmeras transformações químicas que são causadas pelo oxigênio. Foi exatamente que aconteceu com a maçã cortada. Ela sofreu oxidação. Nessa transformação, o oxigênio reage com alguns compostos presentes na fruta. A coloração marrom escura é decorrente dessa reação.

Não é apenas a maçã que escurece em contato com o ar, mas também a banana, a batata, a berinjela, o pêssego e muitas outras frutas e legumes.

Reações de oxidação ocorrem em muitas outras situações, por exemplo, na nossa respiração, no processo de fotossíntese, na ferrugem que se forma em uma barra de ferro. Isso mesmo, a ferrugem nada mais é que o resultado da oxidação do ferro exposto ao ar e também à água, que tem oxigênio na sua composição. O contato com a água pode ser tanto da umidade do ar quanto da água da torneira.

53

EXPERIÊNCIA 1

Salada de frutas bem fresquinha

Materiais necessários

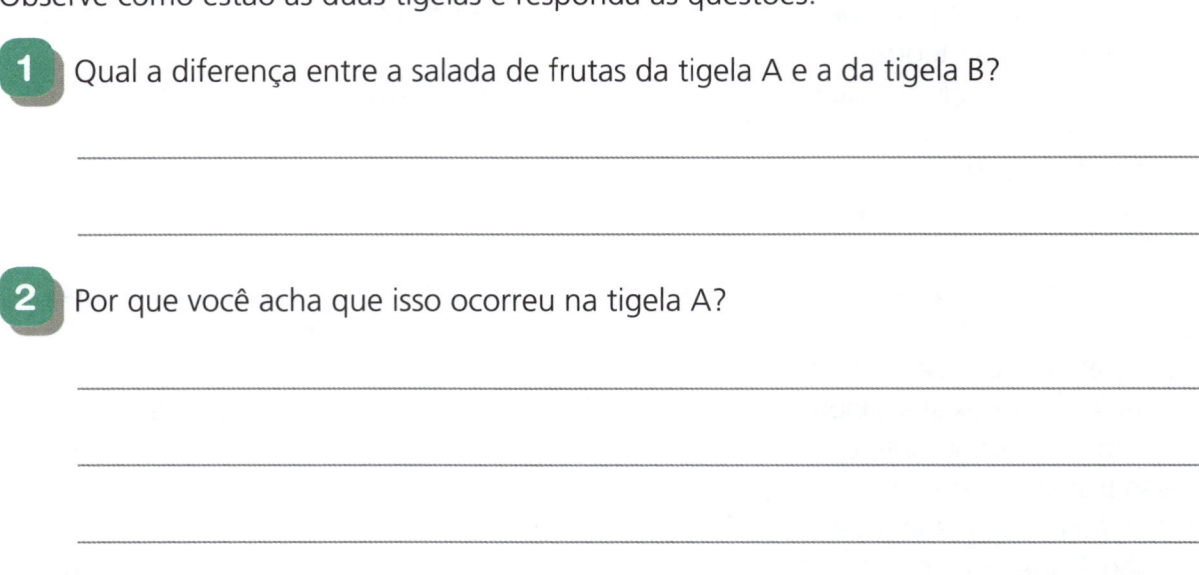

- 1 banana
- 1 maçã
- 1 pera
- Metade de um limão espremido
- 2 tigelas
- 1 faquinha de plástico

Procedimentos

- Corte a banana, a maçã e a pera em pedaços pequenos.
- Divida os pedaços nas duas tigelas.
- Identifique cada tigela com uma etiqueta com A e B.
- Na tigela B, coloque o suco de limão.
- Deixe a salada de frutas descansar por 1 hora.

Observe como estão as duas tigelas e responda às questões.

1 Qual a diferença entre a salada de frutas da tigela A e a da tigela B?

_____
_____

2 Por que você acha que isso ocorreu na tigela A?

_____
_____
_____

3 Por que você acha que isso ocorreu na tigela B?

_____
_____
_____

EXPERIÊNCIA 2

A ferrugem

Materiais necessários

- Esponja de aço
- Água
- Dois pratos, identificados como A e B

Procedimentos

- Separe a esponja de aço em dois pedaços.
- Coloque um pedaço em cada prato.
- Borrife água no prato A.
- Observe depois de um dia.

1 O que aconteceu no prato A?

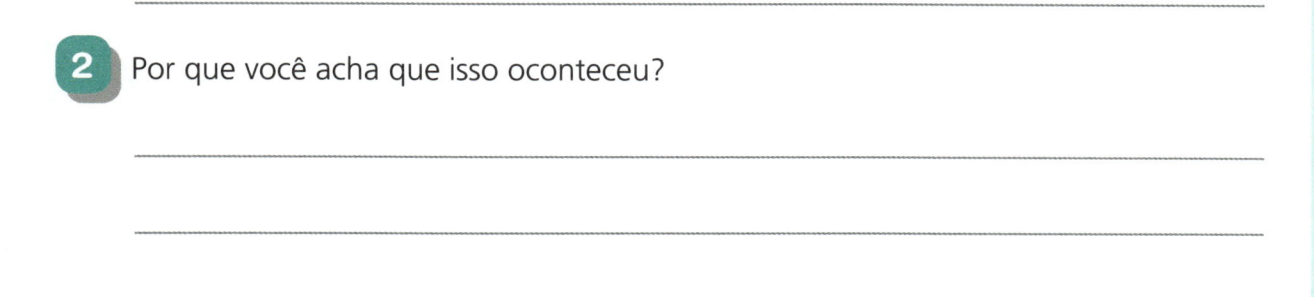

_____

_____

2 Por que você acha que isso oconteceu?

_____

_____

_____

O processo de oxidação é usado em produtos oxidantes desenvolvidos para facilitar a vida no dia a dia, como a água sanitária, que tira as manchas das roupas brancas, e a água oxigenada, usada para desinfetar feridas.

A água oxigenada para desinfetar feridas é a de 10 volumes, mas também se usam formas mais fortes para descolorir cabelos por meio da oxidação do fio. Uma característica da água oxigenada é que ela perde as propriedades em contato com a luz, por isso deve ser adquirida em frascos opacos, que não permitem a passagem da luminosidade.

> Atenção, a água oxigenada de uso medicinal é apenas a de 10 volumes, as de volumes maiores não podem ser usadas em feridas e machucados.

Podemos evitar a oxidação com algumas medidas. No caso das frutas e dos legumes, é preciso colocá-los em solução de água e vinagre (ou limão ou laranja). No caso do ferro, uma camada de tinta sobre o material ainda não enferrujado evita a ferrugem.

Por que no litoral a oxidação é maior

Nas regiões de praia, a oxidação ocorre de maneira mais rápida nos metais porque a umidade do ar é maior e temos o efeito da maresia, provocada pelo vento que carrega a água do mar cheia de sais para o continente e, assim, o processo de oxidação é acelerado.

Embarcação com o casco enferrujado pelo efeito da maresia.

ATIVIDADES

1 Sempre que Lúcia vai fazer berinjela, corta-a em rodelas e as coloca em água com vinagre para depois usá-las na receita. Por que Lúcia faz isso?

_____

_____

2 O que aconteceu com o pêssego da foto a seguir?

_____

_____

3 Analise as imagens e depois responda às questões.

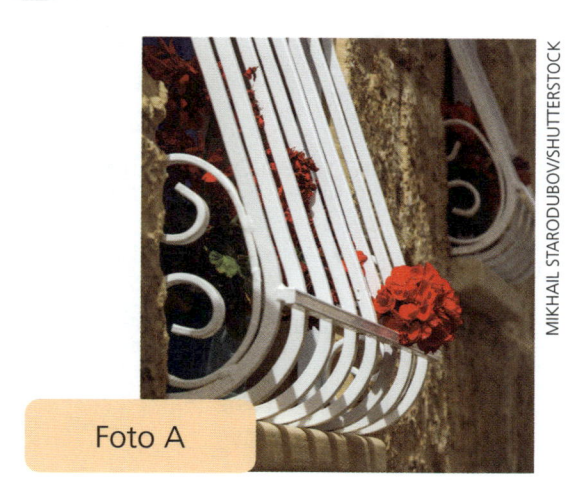

Foto A

Foto B

a) Qual das duas janelas tem maior probabilidade de enferrujar?

_____

b) Por quê?

_____

_____

4 Henrique joga futebol todos os sábados em um time infantil. No intervalo do treino, o time costuma comer algumas frutas, então o treinador pediu que trouxessem maçãs e peras. Henrique pode levar as frutas cortadas? Por quê?

_____

_____

5 Flávia e Ana voltaram da escola com suas camisetas brancas cheias de manchas. A mãe delas quase desmaiou quando viu, dizendo que ia ter que jogar fora as roupas de tão sujas que estavam. Mas as duas explicaram que podiam limpar as camisetas fazendo a oxidação das manchas. A mãe não entendeu nada. Qual a solução que Flávia e Ana ofereceram?

_____

_____

_____

EU GOSTO DE APRENDER

Leia os principais temas estudados nesta lição.

- Existem várias reações químicas ocorrendo na natureza.
- A oxidação é um tipo de reação que provoca o escurecimento das frutas quando cortadas.
- A oxidação também provoca a ferrugem.
- Existem produtos para uso do dia a dia que contêm oxidantes em sua composição.

ATIVIDADE

A salada de frutas é uma sobremesa conhecida e fácil de fazer, além de ser bem nutritiva e saudável. Ela consiste na mistura de várias frutas picadas.

Com essas informações e os seus conhecimentos, escreva uma receita de salada de frutas que você traria de casa para o lanche da escola.

Lembre-se, uma receita deve conter os ingredientes e a forma como serão usados: com casca, sem casca, picados etc. Deve conter também o modo como se prepara o prato, orientando o que deve ser colocado e a quantidade.

_____
_____
_____
_____
_____
_____
_____
_____

LIÇÃO 5
SUBSTÂNCIAS E MISTURAS

O que você comeu ou bebeu no seu lanche hoje? Leite? Iogurte?

O que o leite e o iogurte têm em comum?

Os dois são formados por uma mistura de substâncias. O leite é uma mistura de água, sais minerais, proteínas, vitaminas e outras substâncias. O iogurte é uma mistura de tudo que tem no leite mais uma fruta, podendo conter açúcar.

Você comeu pão no seu lanche? Pois o pão também é uma mistura de diversas substâncias.

O solo é uma mistura de argila, areia, água, sais minerais, húmus, entre outros materiais.

Até a água mineral é uma mistura de água com outras substâncias.

Cada substância de uma mistura é chamada de **componente** dessa mistura.

Classificando as misturas

Existem misturas nas quais conseguimos identificar os componentes. Por exemplo, em uma mistura de água e óleo, podemos identificar facilmente os componentes. Essas misturas são chamadas **misturas heterogêneas**.

A água e o óleo formam uma mistura heterogênea.

Existem misturas em que os componentes não podem ser identificados a olho nu, como uma mistura de água e sal. A água mineral é exemplo desse tipo de mistura. Também o ar que respiramos. Essas misturas são chamadas de **misturas homogêneas**.

Separação das misturas

Praticamente todas as substâncias que encontramos no ambiente estão na forma de misturas. Se quisermos utilizar alguma substância, precisamos separá-la das demais.

As substâncias podem ser separadas por diversos métodos. O método utilizado dependerá do tipo de mistura e de seus componentes. Utilizamos alguns métodos de separação em nosso dia a dia; outros são empregados em indústrias ou laboratórios.

Vamos conhecer os principais deles.

A mistura de água e sal é homogênea.

Evaporação

O sal de cozinha é obtido pela **evaporação** da água do mar nas salinas. As salinas são formadas por conjuntos de tanques rasos construídos no litoral, para os quais a água do mar é bombeada. Sob a ação da energia do Sol e do vento, a água evapora e o sal se deposita no fundo do tanque.

Nas salinas, o sal é separado da água do mar por evaporação. Salinas no município de Araruama, RJ.

Destilação simples

A **destilação** é um método de separação de misturas que usa um equipamento chamado destilador. Nele, a mistura a ser separada é colocada em um recipiente que será aquecido até um dos componentes entrar em ebulição.

O vapor produzido passará pelo condensador e lá entrará em contato com uma superfície de menor temperatura, geralmente água fria que circula constantemente nele. Esse contato fará com que o vapor se condense e a substância volte ao estado líquido.

O líquido separado é então recolhido no segundo recipiente. A substância que não entrou em ebulição permanece no recipiente inicial.

Esse método de separação de misturas é denominado **destilação simples**, e é comum em laboratórios, para obtenção de água destilada usada na fabricação de medicamentos.

Em alguns locais, nos quais existe pouca água doce, essa é uma forma de obtenção de água para o consumo dos moradores, utilizando água do mar. Nesse caso, o sal é retirado da água por meio de um processo chamado **dessalinização**.

Observe o esquema de um destilador a seguir.

ESQUEMA DE DESTILAÇÃO SIMPLES

- balão de destilação
- condensador
- entrada de água fria
- vapor-d'água
- água salgada
- água fria
- bico de Bunsen
- saída de água morna
- água destilada

ACERVO DA EDITORA

Decantação

O processo de **decantação** separa misturas heterogêneas quando deixadas em repouso, isto é, sem ninguém mexer nelas.

Você já tomou suco de maracujá? Já viu o que acontece quando ele fica muito tempo no copo sem ninguém mexer?

Uma parte do suco se separa e para voltarmos a tomar, precisamos dar uma mexida para que o suco fique novamente misturado.

O que ocorre com o suco é um processo de decantação, ou seja, os componentes da mistura se separam.

A decantação é um dos processos usados nas Estações de Tratamento de Água (ETA). Logo que chega à estação de tratamento, a água é levada para os tanques de decantação, onde a sujeira que existe nela se deposita no fundo. Até sair totalmente limpa, a água passa por diversos tanques.

Observe um esquema do processo de separação de substâncias por decantação.

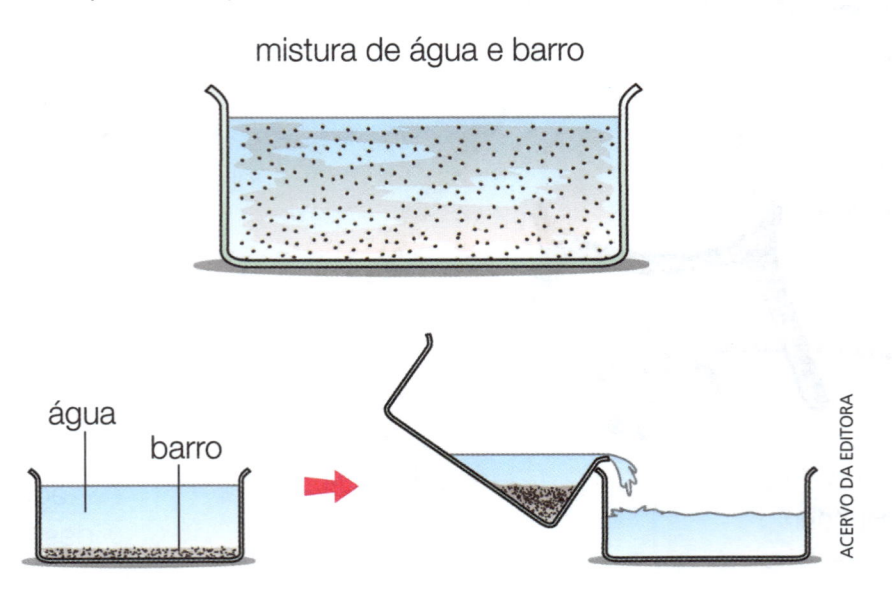

mistura de água e barro

água
barro

Filtração

Para preparar café, misturamos água quente e pó de café.

A água se mistura ao pó e uma parte das substâncias nele existentes se dissolve na água.

Para separar o pó de café da água, usamos um filtro que deixa passar o líquido e retém o pó. Esse processo chama-se **filtração**.

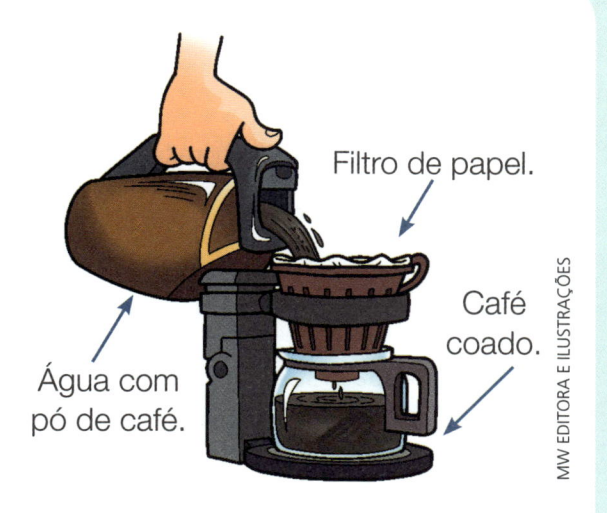

Filtro de papel.
Água com pó de café.
Café coado.

Catação

Você já viu alguém escolher feijão para cozinhar? Quando se separa do feijão os grãos estragados ou pequenas sujeiras, selecionando os grãos bons para cozinhar, o processo realizado é o de **catação**.

Nas usinas de reaproveitamento de lixo, é usado esse mesmo processo. O lixo vai passando em uma esteira transportadora e os trabalhadores, com luvas de proteção, selecionam papéis, vidros, latas, plásticos etc., separando-os uns dos outros.

Observe ao lado a foto de uma esteira de separação de lixo.

Separação do lixo por meio da catação.

Peneiração

Nesse processo de separação usa-se uma peneira. Por exemplo, para separar areia de pedrinhas e outros componentes que estão misturados a ela, coloca-se na peneira uma porção de areia e agita-se a peneira.

A peneira tem uma malha e por ela passam os grãos de areia. Os componentes maiores ficam retidos. Observe ao lado uma foto de separação por peneiração.

Na peneiração, os componentes menores passam pela malha da peneira, e os elementos maiores ficam retidos.

ATIVIDADES

1 Identifique as misturas a seguir como homogêneas ou heterogêneas quando vistas a olho nu.

a) Água e areia: _____

b) Água e sal: _____

c) Óleo e areia: _____

d) Arroz e feijão: _____

e) Areia e sal de cozinha: _____

f) Aço: _____

2 Leia o texto sobre uma etapa do processo de tratamento de água e responda à questão.

"Ao entrar na estação de tratamento, a água passa por grades que retêm galhos e folhas. Em seguida, ela é bombeada para um tanque no qual recebe sulfato de alumínio e cal, que carregam a sujeira para o fundo. Nesse tanque, as impurezas se acumulam no fundo..."

Quais são os processos de separação de misturas que estão sendo usados no processo descrito acima?

_____

3 Colocamos água em um recipiente e a ela adicionamos várias colheres de areia. Depois de algum tempo, a areia se separa da água e fica na parte inferior do recipiente. Que método de separação acaba de ser descrito?

_____

4 As salinas são reservatórios de água salgada construídos à beira-mar. Neles, a água do mar evapora, e o que sobra é o sal, que é recolhido para beneficiamento. Como se chama esse processo de separação?

_____

EU GOSTO DE APRENDER

Leia os principais temas estudados nesta lição.
- A maioria dos materiais é composta por mais de uma substância, formando misturas.
- Os elementos de uma mistura são chamados componentes.
- As misturas podem ser homogêneas quando não conseguimos distinguir a olho nu seus componentes.
- As misturas são heterogêneas quando distinguimos seus componentes a olho nu.
- As misturas podem ser separadas por evaporação, decantação, filtração e catação.

ATIVIDADE

Existe uma forma de se preparar chá chamada infusão, na qual se coloca as ervas em um recipiente e coloca-se água fervente por cima. Tampa-se o recipiente por alguns minutos.

a) Esse tipo de preparo origina uma:

☐ mistura homogênea.   ☐ mistura heterogênea.

b) Antes de servir o chá, será necessário algum processo de separação de misturas?

_____
_____
_____
_____
_____
_____

EU GOSTO DE APRENDER MAIS

Fracionamento do petróleo

O petróleo é um líquido escuro que está infiltrado entre as rochas a profundidades que variam de poucos metros até 7 mil metros da superfície, de onde é retirado.

O petróleo é chamado de combustível fóssil porque provém da decomposição de seres aquáticos, principalmente carapaças, que se depositaram e foram soterrados entre camadas de sedimentos. Com o passar do tempo, esses sedimentos dão origem à rocha geradora do petróleo. Submetida a altas pressões e temperaturas do interior da Terra, essa rocha expulsa um óleo, daí o nome petróleo, que quer dizer "óleo de pedra".

Depois de retirado do subsolo, ele vai por dutos até a refinaria, onde é destilado para se obter seus subprodutos, como o gás de cozinha, o diesel, a gasolina etc.

O processo de refino do petróleo é chamado destilação fracionada, realizado em torres de fracionamento das refinarias.

Observe o esquema e leia a explicação a seguir.

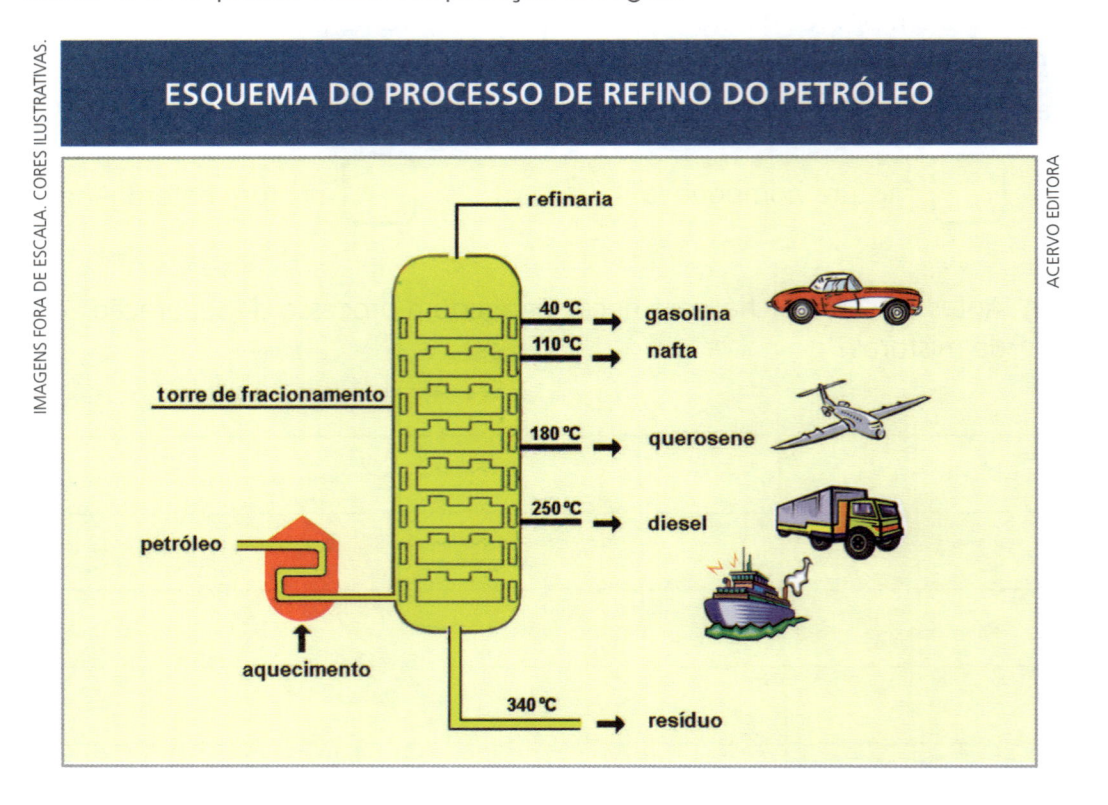

ESQUEMA DO PROCESSO DE REFINO DO PETRÓLEO

IMAGENS FORA DE ESCALA. CORES ILUSTRATIVAS.

- refinaria
- 40 °C → gasolina
- 110 °C → nafta
- torre de fracionamento
- 180 °C → querosene
- 250 °C → diesel
- petróleo
- aquecimento
- 340 °C → resíduo

ACERVO EDITORA

Na refinaria, o petróleo é aquecido em grandes caldeiras, onde se vaporiza e é conduzido para a base da torre. Nela, já vaporizado, sobe para a parte superior. À medida que sobe, sua temperatura diminui e ocorre a condensação de uma parte do petróleo. A parte que se condensa é recolhida e sai da torre por meio de dutos.

EU GOSTO DE APRENDER MAIS

Observe os diversos níveis de temperatura. Onde a temperatura é mais alta, na base da torre, são liberados os resíduos, geralmente produtos pesados.

No primeiro nível, a uma temperatura média de 250 °C, é liberado o óleo diesel.

O querosene se condensa a uma temperatura média de 180 °C; acima dele, a gasolina é liberada a uma temperatura de aproximadamente 40 °C.

Também o gás de cozinha, chamado gás liquefeito de petróleo (GLP), é tirado do petróleo nas refinarias.

Os diversos produtos retirados do petróleo em uma refinaria são chamados derivados de petróleo.

ATIVIDADE COMPLEMENTAR

O petróleo é uma mistura homogênea encontrada na natureza. Seu processo de destilação é realizado para separar essa mistura. Dessa separação resultam vários subprodutos. Observe o esquema de refino do petróleo da página anterior e explique com que processos de mudanças físicas dos materiais o refino do petróleo está relacionado.

_____
_____
_____
_____
_____
_____
_____
_____
_____

LIÇÃO 6

RELAÇÕES ENTRE PLANTAS E ANIMAIS

Observe as imagens a seguir.

IMAGENS: SHUTTERSTOCK

Samambaia em vaso.

Samambaias crescendo em floresta.

Girafa em zoológico.

Girafa em ambiente natural, na savana africana.

Plantas e animais compõem o grupo dos seres vivos que ocupam os diferentes ambientes do planeta Terra. Os ambientes podem ser naturais ou modificados pelo ser humano.

O grupo das plantas

As plantas são organismos que usam energia solar, gás carbônico e água para produzir seus alimentos. A maioria delas tem raízes, caule e folhas.

Entretanto, há plantas que não apresentam todas essas estruturas, como é o caso do grupo dos musgos, plantas que não ultrapassam 20 cm de altura.

Os **musgos** prendem-se ao solo por um tipo simples de raiz e dele retiram água e sais minerais. Como essas plantas não têm vasos condutores, a seiva bruta é transportada lentamente pela planta.

SHUTTERSTOCK

Musgos crescendo sobre o chão da floresta.

68

As **samambaias** e as avencas têm vasos condutores de seiva. Por essa razão, são bem mais altas do que os musgos. Mas essas plantas não têm flores, frutos ou sementes. Elas se reproduzem por esporos que se formam debaixo das folhas e por ramos que brotam.

Os **pinheiros** e outras plantas desse grupo têm sementes, mas não têm flores e frutos. As sementes se formam em folhas reprodutivas reunidas, chamadas de estróbilos.

No Brasil, um representante desse grupo é a araucária ou pinheiro-do-paraná, cujos estróbilos são popularmente chamados de pinhas. Depois da fecundação, nas pinhas formam-se os pinhões, que são sementes utilizadas, inclusive, como alimento.

Folha de samambaia com os esporos, os pontinhos escuros.

Mata de Araucárias, Paraná.

Pinha de araucária aberta.

As plantas com flores, frutos e sementes formam o grupo mais numeroso de plantas da Terra e são chamadas de **angiospermas**. Elas vivem tanto nas florestas úmidas como nos desertos e na água. Nas flores estão os órgãos reprodutores masculino e feminino dessas plantas.

O **androceu** é o órgão masculino, formado por estames com uma antera na ponta, na qual estão os grãos de pólen. Cada grão tem um núcleo masculino.

O **gineceu** é o órgão feminino, formado por pistilos, com o estigma na ponta e o ovário embaixo. Nele estão os óvulos. Cada óvulo contém os núcleos femininos da planta.

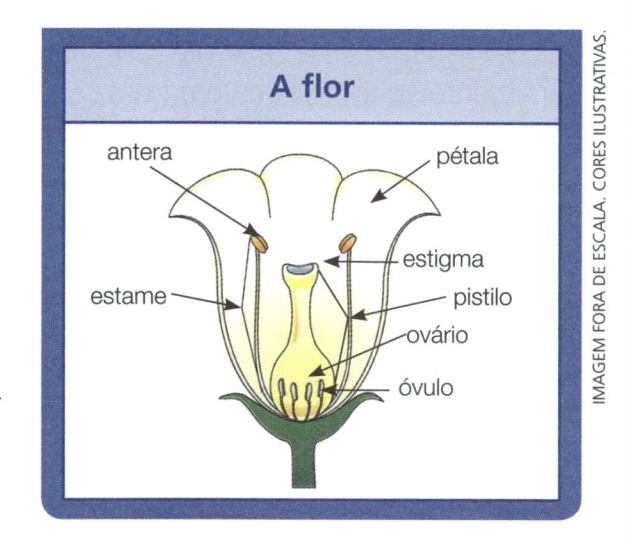

A flor

- antera
- pétala
- estame
- estigma
- pistilo
- ovário
- óvulo

IMAGEM FORA DE ESCALA. CORES ILUSTRATIVAS.

69

A maioria das flores tem cores vistosas e produz um líquido adocicado, o néctar, que atrai borboletas, abelhas, morcegos. Ao ir de flor em flor para sugar o néctar, esses animais transportam grãos de pólen. Esse transporte de pólens é a **polinização**.

Morcego alimentando-se de néctar de flor.

A borboleta-monarca suga o néctar da flor.

Abelha em busca do néctar de uma flor.

A grama, o trigo, a cevada, o centeio e a aveia, por exemplo, têm flores pouco atraentes para os insetos e não produzem néctar. Nessas plantas a polinização é feita pelo vento.

Os grãos de pólen, quando caem no estigma das flores de sua espécie, formam tubos que chegam até o ovário. Então ocorre a fecundação: cada núcleo masculino de um grão de pólen se une ao núcleo feminino de um óvulo. Dessa união, forma-se uma semente. O ovário geralmente se transforma em fruto.

Os frutos amadurecem e as sementes que caem em solo úmido germinam e formam uma nova planta. Aves, morcegos e outros animais comem os frutos, e as sementes são eliminadas nas fezes desses animais e podem vir a germinar. Assim, novas plantas podem se espalhar por diversas regiões.

Flores de grama.

Fruto do pêssego e sua semente.

ATIVIDADES

1 Qual é a função das flores para as plantas?

_____
_____

2 O que é o androceu?

_____

3 O que é o gineceu?

_____

4 Onde se formam os grãos de pólen?

_____

5 Como se forma uma semente?

_____
_____

6 O que é polinização? Como ela acontece?

_____
_____

7 Identifique as estruturas indicadas de uma flor.

1	_____
2	_____
3	_____

O grupo dos animais

Todos os animais dependem das plantas para viver: alguns comem plantas, outros comem animais que se alimentam delas. Os animais percebem os estímulos do ambiente, como as luzes, os sons e os odores.

Outra característica desse grupo é a mobilidade, ou seja, eles conseguem se mover. Muitos têm membros locomotores e vão de um lugar para outro.

Os animais inspiram gás oxigênio e liberam gás carbônico. Em muitas espécies essas trocas de gases acontecem nos pulmões. Em outras, ela acontece nas brânquias. E há os animais que fazem trocas gasosas através da pele.

No sapo, na rã e na perereca, as trocas gasosas acontecem através de brânquias enquanto eles são girinos. Depois, quando adultos, as trocas gasosas são feitas nos pulmões e através da pele úmida.

Nos insetos, o gás oxigênio entra por orifícios no corpo do animal, sendo distribuído por meio de tubos. Da mesma maneira, o gás carbônico sai.

Os animais precisam de água para o transporte de substâncias no corpo. Muitos deles bebem água para repor o que perdem na urina e na transpiração. Outros vivem imersos na água.

Os animais que se alimentam apenas de vegetais, como o cavalo e a girafa, são **herbívoros**. Os que comem outros animais, como o leão e o lobo, são **carnívoros**. Há ainda os **onívoros**, aqueles que se alimentam de vegetais e de outros animais, como a barata, o urso-pardo, o porco e os seres humanos.

O veado é herbívoro. Mede cerca de 2,5 m de comprimento.

O lobo é carnívoro. Mede 1,5 m de comprimento, sem contar a cauda.

O porco é onívoro. Mede cerca de 1,5 m de comprimento.

ATIVIDADES

1 Complete as afirmações:

a) Muitos animais inspiram _____ pelos pulmões.

b) Os animais que comem outros animais são _____.

c) Os animais _____ só comem plantas.

2 O animal da foto a seguir está bebendo água. Por que ele precisa de água para viver?

_____
_____
_____
_____
_____

Girafa.

3 A estrela-do-mar se alimenta de outros animais. Esse animal é herbívoro ou carnívoro?

_____

4 Observe os animais das fotos a seguir.

Onça-pintada. Águias. Peixe.

Jiboia. Sapo.

a) Quais deles vivem na terra, mas também nadam?

_____

b) Qual é terrestre e voa?

_____

73

5 Observe as fotos a seguir.

Barata.

Elefante.

Porco.

Tigre.

Zebra.

Leoa.

Girafa.

Ser humano.

a) Quais desses animais são herbívoros?

_____

b) Quais desses animais são carnívoros?

_____

c) Quais desses animais são onívoros?

_____

74

O comportamento e a interação animal

Os animais apresentam vários tipos de comportamento para proteger os filhotes, cooperar com animais de outras espécies e se defender.

Cuidado com a prole

Muitos animais **cuidam da prole**, isto é, dos filhotes. Geralmente é a mãe que alimenta os filhos até eles serem capazes de conseguir alimentos. Os animais também defendem os filhotes dos predadores.

Os pássaros constroem ninhos e alimentam os filhotes até eles serem capazes de voar. As leoas amamentam os filhotes até eles serem capazes de caçar e se defender, tarefas que os filhotes aprendem nas lutas entre eles e ao acompanhar de longe as mães nas caçadas.

IMAGENS FORA DE ESCALA.

Uma ave cuidando de seus filhotes no ninho.

Cooperação

Muitas espécies de animais vivem em **cooperação**, isto é, um animal ajuda o outro e ambos são beneficiados. O anu, por exemplo, é uma ave que come os carrapatos que grudam na pele dos bois para sugar sangue. Nessa cooperação, o anu se alimenta e o boi fica livre dos carrapatos.

Ao se alimentar dos carrapatos que grudam na pele do boi, o anu ajuda o animal a se livrar dos parasitas.

Defesa

Os animais reagem quando são ameaçados. Algumas vezes atacam para **defender** seus filhotes. Os cães, por exemplo, latem. As zebras dão coices violentos nas leoas que tentam caçar seus filhotes.

Gato-palheiro reagindo ao se sentir ameaçado.

Demarcação de território

O espaço de moradia, caça e reprodução de um animal é seu território.

Muitos animais **marcam o território** com urina. Os ursos arranham as árvores e nelas deixam o cheiro de suas patas. Muitas aves têm gritos de alerta para avisar a presença de predadores no território.

O urso costuma arranhar árvores para marcar território.

Predadores e presas

A predação é um tipo de interação entre os animais: o predador captura a presa para se alimentar. A aranha que captura a mosca na teia é o predador; a mosca é a presa. Quanto maior for a presa, maior dificuldade terá o predador de capturá-la. Por essa razão, muitos predadores caçam em grupo, como as leoas.

Os predadores têm muitas adaptações que permitem a captura de presas: as aranhas tecem teias, algumas cobras têm dentes que injetam veneno, os leões têm garras e dentes afiados.

As presas, por sua vez, têm muitas maneiras de fugir dos predadores: a lula solta uma tinta escura na água para ofuscar a visão do seu atacante, o tatu-bola se enrola, o gambá solta substâncias malcheirosas.

A camuflagem é outra maneira de confundir os predadores. O bicho-pau, por exemplo, possui formato e cor que se camuflam com os galhos e as folhas das plantas.

IMAGENS FORA DE ESCALA.

Bicho-pau. Mede cerca de 20 cm de comprimento.

A borboleta da mesma cor que a flor da helicônia fica camuflada para se proteger dos predadores.

ATIVIDADES

1 Descreva o comportamento animal que você observa nas fotos a seguir.

2 Descreva uma reação de demarcação do território ou de proteção aos filhotes que você tenha notado ou visto em cães e gatos.

_____

_____

3 Cite algumas adaptações de predadores para a caça.

_____

_____

4 Cite algumas adaptações das presas para se defender de seus predadores.

_____

5 Pode-se dizer que a camuflagem das presas é um comportamento de proteção? Justifique.

_____

_____

Cadeias alimentares

As plantas produzem o próprio alimento, enquanto os animais se alimentam de plantas ou de outros animais. Veja este exemplo: as plantas são alimentos para insetos, que são alimentos para as aranhas. Essa sequência (planta-inseto-aranha) é uma **cadeia alimentar**. Nela, cada ser vivo está ligado ao outro pela alimentação.

Uma cadeia alimentar sempre começa com uma planta.

As plantas são os produtores das cadeias alimentares porque fazem **fotossíntese**.

CATHY KEIFER/SHUTTERSTOCK

As plantas são alimento para insetos. Os insetos são alimento para aranhas.

Fotossíntese

A fotossíntese é o processo de produção de glicose (açúcar) pelos vegetais a partir de água e gás carbônico na presença de clorofila (substância que dá a cor verde às folhas) e luz solar. Veja o esquema da fotossíntese.

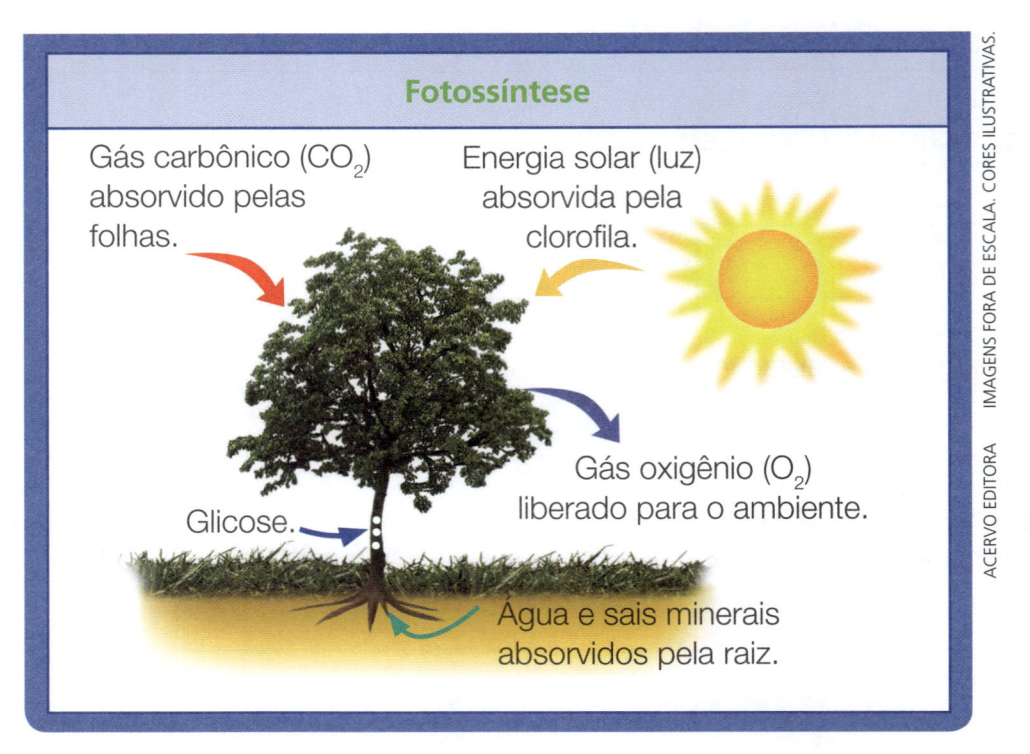

Fotossíntese

Gás carbônico (CO_2) absorvido pelas folhas.

Energia solar (luz) absorvida pela clorofila.

Gás oxigênio (O_2) liberado para o ambiente.

Glicose.

Água e sais minerais absorvidos pela raiz.

IMAGENS FORA DE ESCALA. CORES ILUSTRATIVAS.
ACERVO EDITORA

A glicose é o primeiro passo para a produção de outros açúcares, proteínas, gorduras e vitaminas pelos vegetais. Por isso, os vegetais são chamados de produtores.

As proteínas, os açúcares, as gorduras e as vitaminas que as plantas produzem passam para os herbívoros por meio da alimentação. Nos herbívoros, os nutrientes dos alimentos são quebrados em pedaços menores pelo processo de digestão. Assim, eles podem entrar na circulação e ser usados como fonte de energia para o herbívoro produzir proteínas, gorduras e açúcares.

Quando um carnívoro come um herbívoro, ele recebe os nutrientes do herbívoro, que são usados pelo predador para obter energia e gerar os próprios nutrientes.

O cavalo é um herbívoro, pois se alimenta de vegetais.

O leão é um carnívoro, pois se alimenta de outros animais.

O ser humano é onívoro, pois se alimenta tanto de vegetais como de outros animais.

ATIVIDADES

1 O alimento é a fonte primária de nutrição e energia para os seres vivos. Considerando que a produção inicial de alimentos é pelo processo de fotossíntese, qual é a primeira fonte de energia dos seres vivos?

_____

2 Classifique os seres vivos a seguir escrevendo o nome na coluna adequada.

goiabeira – onça – ser humano – bananeira – peixe – gafanhoto

Produtores	Consumidores

3 O que é uma cadeia alimentar?

_____

_____

4 As plantas são produtores ou consumidores? Justifique sua resposta.

_____

_____

5 Qual é a função da clorofila na fotossíntese?

_____

6 O que as plantas retiram do ambiente para realizar a fotossíntese?

_____

7 Complete o quadro.

	Gás consumido	Gás produzido
Fotossíntese		

8 Observe as fotos a seguir e ordene-as na sequência de uma cadeia alimentar.

Sapo alimentando-se de gafanhoto.

Gafanhoto alimentando-se de planta.

Cobra alimentando-se de sapo.

Plantação.

- Escreva com suas palavras que processos ocorrem nessa sequência de imagens.

_____

_____

_____

9 Considerando que a fonte de energia inicial é a luz do Sol, podemos dizer que o último elemento da cadeia alimentar depende do Sol?

_____

_____

_____

Decompositores: consumidores especiais

As folhas e os frutos que caem das árvores, as plantas que morrem, as carapaças de animais, as fezes e a urina são alimentos para consumidores especiais chamados **decompositores**. Os decompositores são as bactérias e os fungos.

Os fungos, como o cogumelo-branco da foto, são decompositores de matéria orgânica e desempenham um papel importante nas cadeias alimentares.

Esses seres vivos digerem o que morre e devolvem à terra os sais minerais, que se dissolvem na água. Essa água é absorvida pelas raízes.

Os decompositores também fertilizam o solo. Veja no esquema a seguir o papel deles na cadeia alimentar.

Cadeia alimentar

A vaca alimenta a onça.

A onça, a vaca e os vegetais morrem e seus corpos são decompostos por bactérias e fungos, formando sais minerais.

Os vegetais alimentam a vaca.

Os sais minerais produzidos na decomposição fertilizam o solo e são absorvidos pelas plantas.

ATIVIDADE

- Descreva com suas palavras a ilustração da cadeia alimentar apresentada.

_____

_____

_____

EU GOSTO DE APRENDER

Leia os principais temas estudados nesta lição.

- Plantas e animais ocupam diferentes ambientes do planeta.
- As plantas utilizam luz, gás carbônico e água para produzir seu alimento. A maioria delas tem raízes, caule e folhas.
- As plantas com flores, frutos e sementes formam o grupo mais numeroso de plantas da Terra.
- Todos os animais dependem das plantas para sobreviver.
- Os animais têm capacidade de locomoção e precisam de gás oxigênio e água para produzir energia.
- Existem vários tipos de comportamento animal: o cuidado com a prole, a cooperação com outros animais, a defesa e a demarcação de território.
- Cadeia alimentar é a ligação de um ser vivo ao outro pela alimentação. As plantas são os produtores das cadeias alimentares, pois fazem fotossíntese.
- A fotossíntese é o processo de produção de glicose realizado pelas plantas.
- Os decompositores são microrganismos que digerem a matéria orgânica dos restos de organismos mortos e devolvem à terra os sais minerais, fertilizando o solo.
- A energia proveniente do Sol passa de um ser vivo para outro por meio das cadeias alimentares.

ATIVIDADE

- Observe a ilustração e a seguir e indique com setas as sequências possíveis das cadeias alimentares presentes nela.

Falcão
Raposa
Cobra
Coruja
Pássaro
Rã
Coelho
Grilo
Rato
Grama

SHUTTERSTOCK

LIÇÃO 7 — OS ALIMENTOS

Observe as imagens a seguir

Geladeira de carnes em supermercado.

Geladeira de sucos, queijos e iogurtes em supermercado.

Você sabe dizer por que esses alimentos estão dispostos em geladeiras nos supermercados?

Muito provavelmente você deve saber que se ficarem fora da geladeira vão estragar rapidamente, não sendo mais possível consumi-los.

Todos os alimentos estragam, uns mais rapidamente que outros. É inclusive por isso que são indicados prazos de validade nas embalagens.

Essas transformações dos alimentos são causadas pela ação de seres microscópicos: **bactérias** e **fungos**. Em contato com certas espécies de fungos e bactérias, os alimentos emboloram e apodrecem.

Fruta embolorada.

Queijo embolorado.

Os fungos são seres vivos que podem ser vistos a olho nu, como os cogumelos e os bolores, ou microscópicos, como os fermentos usados na produção de pães. Os fungos alimentam-se principalmente dos açúcares.

As bactérias são microscópicas e nutrem-se, principalmente, das proteínas. Em ambientes frios, como no interior da geladeira, fungos e bactérias proliferam menos. Por isso, os alimentos duram mais quando armazenados nesses locais.

Os alimentos que estragam facilmente são chamados alimentos perecíveis. Eles estão mais sujeitos à ação de fungos e bactérias do que outros tipos de alimento.

Observe as fotos. Elas foram feitas em um microscópio e mostram um tipo de fungo e um tipo de bactéria.

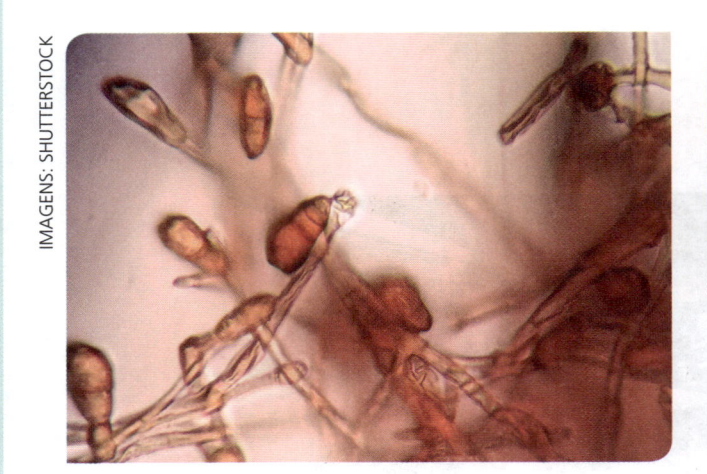

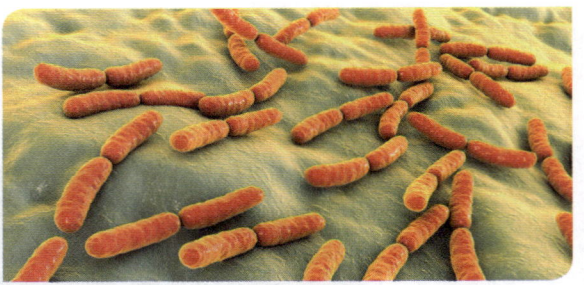

IMAGENS: SHUTTERSTOCK

Fungos em imagem microscópica. Esses fungos são seres vivos muito pequenos e não seria possível vê--los a olho nu. Mas com a ajuda de **microscópios**, aparelhos que aumentam bastante a imagem, eles podem ser vistos e microfotografados.

Fungos e bactérias estão presentes em todos os ambientes. Em uma floresta, por exemplo, esses seres microscópicos se instalam nas folhas e nos galhos que caem e nos insetos e outros animais mortos. Esses restos formam o que se chama de **matéria orgânica**.

Os fungos e as bactérias são extremamente importantes nos ambientes, pois eles transformam a matéria orgânica em nutrientes que podem ser absorvidos, por exemplo, pelas raízes das plantas com a água. Esses organismos fazem parte da biosfera e decompõem (fazem apodrecer) a matéria orgânica. Por isso, são chamados de **decompositores**.

VOCABULÁRIO

microscópio: aparelho usado para observar seres muito pequenos. Ele pode aumentar o tamanho daquilo que observamos em mais de mil vezes.

decompositor: ser vivo que é capaz de nutrir-se de animais e vegetais mortos, o que permite que os nutrientes desses seres mortos voltem ao ambiente.

Fungos e bactérias também são utilizados na produção de alimentos.

O pão francês, por exemplo, é feito a partir da fermentação dos açúcares da massa por leveduras, um tipo de fungo. As leveduras também são usadas no processo de fermentação para a fabricação de bebidas e o etanol combustível.

Bactérias são empregadas na produção de iogurtes e queijos.

Para ver muito mais

Você conhece o equipamento da imagem ao lado?

Ele é o microscópio óptico, um aparelho capaz de ampliar as imagens por meio de um sistema de lentes. Com o microscópio, podemos observar microrganismos que não conseguimos ver a olho nu, de tão pequenos que são. Sua capacidade de ampliação chega a até 1500 vezes.

O microscópio foi inventado há muitos séculos. Ainda é incerto quem inventou o microscópio. Tudo leva a crer que o equipamento surgiu no final do século XVI, criado por Hans Janssen e seu filho Zacarias Janssen, que eram fabricantes de óculos. Mais tarde o aparelho foi sendo aperfeiçoado, permitindo a observação cada vez melhor dos seres microscópicos e das estruturas que compõem os seres vivos, por exemplo.

Atualmente, existem os microscópios eletrônicos que possibilitam ampliação muito maior do que a do óptico.

Microscópio óptico. O equipamento possui uma lente ocular (1), que, conjugada com as objetivas (2), permite observar materiais colocados em uma placa de vidro transparente na mesa (3), com a passagem de luz (4). O foco da imagem é ajustado no botão de ajuste (5).

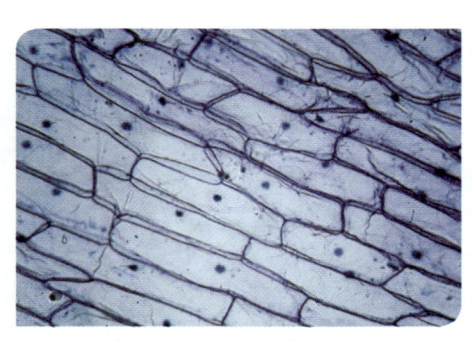

Imagem da casca de cebola vista no microscópio óptico. Ampliação de 100× e uso de corante azul de metileno.

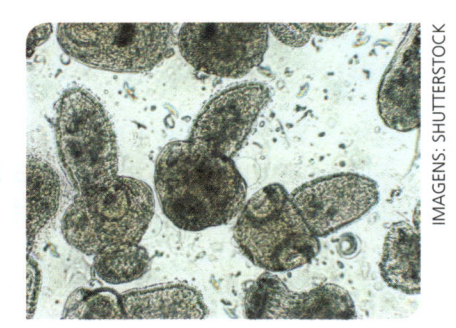

Imagem de bactérias observadas no microscópio óptico.

Conservação dos alimentos

Assar, cozinhar ou ferver elimina os microrganismos presentes nos alimentos e retarda sua decomposição. Por isso, ferve-se o leite. Esse é um processo de conservação que usa o calor.

Outras técnicas de conservação são a pasteurização, a desidratação e o congelamento.

Grelhar, cozinhar ou assar os alimentos favorece sua conservação.

A pasteurização

A pasteurização é um processo criado pelo cientista francês Louis Pasteur, em 1856. Ela permite que os alimentos fiquem conservados por um tempo bem maior do que se fossem apenas cozidos. A pasteurização permite que alguns alimentos, como leite, iogurte, suco e queijo, durem mais tempo. Nesse processo, o leite e os sucos, antes de serem embalados ou utilizados na fabricação de outros produtos, são aquecidos a 75 °C durante 20 segundos. Em seguida, baixa-se a temperatura muito rapidamente até chegar a 5 °C.

Uma variação da pasteurização, denominada ultrapasteurização, é utilizada para os produtos chamados "longa vida". Nesse caso, o aquecimento inicial é de até 140 °C por 3 segundos; em seguida, baixa-se a temperatura até 32 °C. Os produtos são embalados em caixas especialmente criadas para armazená-los e duram até seis meses fora da geladeira.

A pasteurização ajuda a matar a maioria dos microrganismos que estragam os alimentos. No entanto, mesmo sendo pasteurizado, o leite deve ser fervido antes de ser consumido.

A desidratação

Outro processo de conservação dos alimentos é a desidratação. A desidratação retira a água dos alimentos e, com isso, dificulta a proliferação de microrganismos, pois a água é fundamental para a sobrevivência desses pequenos seres. A carne-seca, o bacalhau, as frutas secas e o leite em pó são exemplos de alimentos desidratados.

O processo de desidratação pode ser acompanhado da salga do alimento, que aumenta a eficiência da conservação.

O processo de desidratação e salga de carnes é um dos mais antigos métodos de conservação dos alimentos.

O congelamento

O congelamento, isto é, o armazenamento de alimento em temperaturas baixas, também retarda a decomposição. O congelamento, quando feito de forma correta, também conserva a qualidade dos alimentos.

O congelamento dos alimentos aumenta sua durabilidade.

Você sabe por que o bacalhau é tão salgado? O sal retira a água do peixe, deixando-o seco. Sem a água, as bactérias não sobrevivem no bacalhau. Com isso, ele se conserva por bastante tempo, mesmo fora da geladeira. O mesmo processo é usado na carne-seca. Na obtenção do leite em pó ou do café solúvel, também se utiliza o processo de desidratação: a eliminação da água é praticamente total.

Outras técnicas de conservação dos alimentos

Algumas técnicas de conservação dos alimentos eram utilizadas antes do desenvolvimento da geladeira, do congelador ou do *freezer* e de equipamentos de pasteurização ou de desidratação dos alimentos.

A defumação é uma técnica para conservar carnes. Acredita-se que a defumação da carne foi descoberta quando os seres humanos tentavam defender seus alimentos do ataque de animais e os deixavam próximos à fogueira. Com o calor, a carne desidratava, e a fumaça lhe dava um sabor diferenciado.

Outra técnica de conservação consiste em guardar as carnes mergulhadas em gordura, evitando a entrada de oxigênio, o que impede que os decompositores sobrevivam. As sardinhas enlatadas mergulhadas em óleo ou azeite são um exemplo dessa técnica.

A conserva em vinagre utilizada para vegetais torna o ambiente muito ácido, impedindo a sobrevivência de fungos e bactérias.

Frutas cozidas e mantidas em calda de açúcar também são uma forma de conservação.

Armazenar carnes em óleo, como a sardinha em lata, conserva o alimento por vários anos.

Conservas de vegetais em salmoura e vinagre, outra forma de conservação.

As compotas de doces também são uma forma de conservação das frutas.

ATIVIDADES

1 Por que os alimentos estragam?

_____
_____
_____
_____

2 Cite dois microrganismos responsáveis pela deterioração dos alimentos.

_____
_____

3 Identifique as técnicas de conservação e escreva abaixo de cada frase.

> assar – cozinhar – ferver – pasteurização – desidratação – congelamento

a) Retirar a água dos alimentos pela secagem ao sol.

_____

b) Eliminar os microrganismos presentes nos alimentos pela ação do calor.

_____

c) Aumentar a durabilidade dos alimentos pelo armazenamento em temperaturas baixas.

_____

d) Ajuda a matar os microrganismos presentes nos alimentos por meio da técnica da alta temperatura por alguns segundos com a imediata baixa da temperatura.

_____

Alimentação saudável

Para manter a saúde, precisamos comer alimentos variados: frutas, legumes, verduras, cereais, ovos, carnes e leite.

A carne, os ovos, o leite e seus derivados contêm proteínas e gorduras necessárias ao crescimento.

As raízes e os grãos contêm açúcares, que fornecem energia.

As frutas e as verduras contêm vitaminas e sais minerais, que protegem nosso corpo contra doenças.

Além desses alimentos de origem **animal** e **vegetal**, ingerimos alimentos de origem **mineral**: a água e o sal.

Alimentos naturais e industrializados

Os alimentos que são consumidos no estado em que são retirados da natureza, sem passar por processos industriais, são alimentos naturais.

Os alimentos industrializados sofrem modificações para ficar com o aspecto e o gosto desejado. Eles também recebem produtos para que durem mais tempo do que os alimentos naturais. Geleias, extratos de tomate, maioneses, salsichas, salames, margarinas e iogurtes são exemplos de alimentos industrializados.

Ao comprar alimentos industrializados, devemos tomar alguns cuidados. O principal deles é verificar a data de validade na embalagem do produto. É muito importante que o alimento esteja dentro do prazo.

O ketchup é uma mistura de tomate com outros ingredientes, que são indicados no rótulo do produto.

O rótulo ou a embalagem dos produtos também indica quais são os componentes do alimento, como a quantidade de gordura, de carboidratos, de vitaminas e de sais minerais. Para as pessoas que precisam tomar cuidado com a ingestão de alguns desses componentes, essas informações são muito importantes. Todos nós devemos verificar a composição dos produtos.

Os aditivos químicos também devem ser divulgados na embalagem dos alimentos. Eles são substâncias artificiais que têm a função de conservar os alimentos e dar cor, aroma, textura e outras características a eles.

Os aditivos químicos podem causar danos à saúde e, por isso, a quantidade ingerida diariamente deve ser controlada. Muitos corantes usados em doces causam alergia. Sempre dê preferência ao consumo de alimentos frescos em vez de alimentos industrializados.

Cuidados com a alimentação

Os alimentos que comemos têm grande influência em nossa saúde. Por isso, devemos escolhê-los com muita atenção e cuidado.

Na escolha dos nossos alimentos, devemos adotar as seguintes atitudes:

- dar preferência a alimentos naturais em vez dos enlatados e industrializados;
- ficar atento ao prazo de validade dos alimentos;
- não comprar alimentos em latas amassadas, enferrujadas ou estufadas;
- não comer alimentos embolorados;
- escolher alimentos com pouca gordura;
- evitar alimentos com muito açúcar;
- evitar alimentos fritos;
- comer verduras, legumes e frutas regularmente;
- manter os alimentos em locais limpos, secos, frescos e ventilados;
- conservar os alimentos perecíveis na geladeira ou no congelador;
- manter os alimentos protegidos de insetos, roedores e outros animais;
- lavar as mãos antes de manipular os alimentos;
- lavar bem os alimentos que serão consumidos crus, especialmente as verduras;
- utilizar água tratada ou fervida para lavar os alimentos.

Verduras, legumes e frutas devem ser bem lavados antes de serem consumidos.

Ao comprar produtos industrializados, é preciso ler o rótulo para saber quais são os ingredientes presentes no alimento.

ATIVIDADES

1 Complete as frases com as palavras do quadro.

> frutas – leite – grãos – energia – ovos – carne – necessários – verduras

a) A _____, os _____, o _____ e seus derivados são _____ ao crescimento.

b) As raízes e os _____ contêm açúcares que fornecem _____.

c) As vitaminas e os sais minerais das _____ e das _____ protegem o corpo contra doenças.

2 Preencha a ficha com informações sobre sua alimentação.

Os alimentos naturais que eu como são: _____
_____
_____

Os alimentos industrializados que eu como são: _____
_____
_____

Horários das minhas refeições:

Café da manhã: _____ Lanche: _____

Almoço: _____ Jantar: _____

3 O que são alimentos naturais? Dê exemplos.

_____

4 O que são alimentos industrializados? Dê exemplos.

_____

5 Copie o nome dos alimentos, classificando-os de acordo com a origem: vegetal, animal ou mineral.

> beterraba – alface – laranja – sal – ovos – cenoura – repolho –
> carne – peixe – leite – frango – banana – água

a) Vegetal: _____

b) Animal: _____

c) Mineral: _____

6 Assinale o que devemos observar ao adquirir um alimento.

☐ Marca.

☐ Ingredientes.

☐ Prazo de validade.

☐ Estado de conservação da embalagem.

☐ Cor da embalagem.

7 Forme um grupo com três colegas. Pesquisem em uma embalagem de biscoito salgado ou doce quais são seus componentes e preencham o quadro a seguir. Vocês acham que esse tipo de alimento é importante para a saúde?

Dados do biscoito	
Marca	
Sabor	
Data de fabricação	
Data de validade	
Ingredientes	
Informações nutricionais	
Aditivos e conservantes	

EU GOSTO DE APRENDER

Leia os principais temas estudados nesta lição.

- Os alimentos precisam ser conservados para não estragar; os que estragam mais rápido são chamados perecíveis.
- Bactérias e fungos são responsáveis pela deterioração dos alimentos.
- Bactérias e fungos são seres vivos microscópicos. São chamados de decompositores porque transformam a matéria orgânica dos seres vivos que morrem.
- Os alimentos podem ser conservados pela pasteurização, desidratação e congelamento, além da defumação, conservação em salmoura, desidratação e salga.
- Para uma alimentação saudável, deve-se evitar produtos industrializados, consumindo alimentos frescos, preferencialmente, e adotando medidas de higiene no preparo e consumo dos alimentos.

ATIVIDADE

- Pesquise sobre a produção de alimentos que contam com a ajuda de bactérias e fungos.

LEIA MAIS

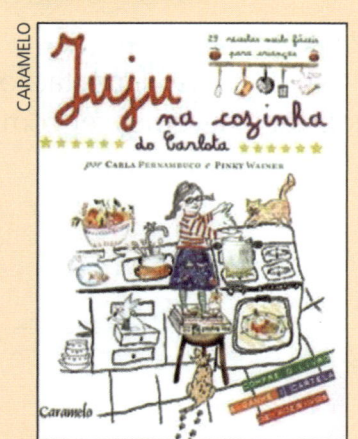

Juju na cozinha do Carlota

Carla Pernambuco. São Paulo: Editora Caramelo, 2004.

O livro traz 29 receitas para crianças a partir de 7 anos, simplificadas e adaptadas pela renomada *chef* de cozinha Carla Pernambuco. Ele ensina a usar bem os ingredientes, traz o passo a passo ilustrado das receitas, o que ajuda a garotada a se virar na cozinha, e dá dicas dos utensílios e processos perigosos na cozinha, como o uso do forno e fogão.

EU GOSTO DE APRENDER MAIS

Como guardar e levar o lanche

Para que os alimentos possam estar adequados ao consumo no horário do lanche, é preciso seguir algumas orientações.

- Alimentos sólidos devem ser colocados em potes plásticos com tampa ou enrolados em filme plástico.
- Líquidos precisam ser armazenados em copos plásticos com tampa ou em garrafas térmicas.
- Arrume a lancheira minutos antes de ir para a escola para o lanche ficar mais fresquinho.
- Coloque o lanche em lancheiras térmicas ou em recipientes de isopor contendo gelo reciclável nos dias de muito calor. O gelo reciclável é vendido em farmácias e lojas especializadas em materiais para acampamento.
- Mantenha no gelo sucos de frutas, bebidas com leite, sanduíches com presunto, muçarela, peito de peru, atum, tomate, beterraba, ricota, queijo prato, requeijão, iogurte e patê.
- Mantenha a lancheira e os utensílios, como potes, copos, talheres e garrafas sempre limpos.
- Guarde a lancheira até o horário do lanche em local fresco e arejado, longe da chuva e dos raios solares.

Fonte: *Dona Benta comer bem* – Lanches para toda hora. São Paulo: Companhia Editora Nacional, 2007.

ATIVIDADE COMPLEMENTAR

- Conservar corretamente os alimentos também faz parte da alimentação saudável. Descreva a seguir os cuidados que você tem com sua alimentação. Se necessário, volte à página 89 para ver os cuidados que devemos ter com a alimentação.

_____
_____
_____
_____

LIÇÃO 8

TRANSMISSÃO DE DOENÇAS

Observe as imagens a seguir.

Atendimento médico.

Medição de temperatura.

As pessoas ficam doentes ao longo da vida. Algumas doenças são mais fáceis de tratar e curar, como gripes e resfriados, outras são mais graves, como a **cólera** e a **hepatite**.

Para evitá-las é importante saber de que forma são transmitidas e como evitar o contágio. Quando uma doença atinge muitas pessoas de uma região, dizemos que acontece uma epidemia, como a de dengue das últimas décadas e a da covid-19. Esta, por afetar o mundo todo, tornou-se uma pandemia.

Doenças hereditárias

Existem doenças transmitidas de pais para filhos. Elas são chamadas doenças hereditárias e são causadas por fatores genéticos, isto é, pelas informações genéticas que recebemos dos nossos pais.

Essas informações são responsáveis pelo modo como o nosso corpo é formado, desde a cor dos cabelos e dos olhos, até problemas como o **diabetes** e a **hemofilia**.

VOCABULÁRIO

cólera: doença que provoca infecção intestinal e morte por desidratação.
hepatite: doença que ataca e compromete o fígado.
diabetes: doença que provoca o aumento do nível de açúcar no sangue.
hemofilia: doença que impede o controle de sangramentos, dificultando a cicatrização.

Doenças infecciosas

Existem doenças que são causadas por seres vivos, como os vírus e as bactérias. Esses microrganismos entram no nosso corpo e prejudicam seu funcionamento. Essas doenças são chamadas de **doenças infecciosas**.

Podemos adquiri-las quando entramos em contato com pessoas que estão doentes. Por exemplo, quando alguém está com gripe e dá um espirro, um grande número de vírus é espalhado no ar. Esses vírus podem entrar no corpo de outra pessoa por meio da respiração, contaminando-a.

Muitas doenças contagiosas são transmitidas por picadas de insetos. A dengue, por exemplo, é uma doença causada por vírus transmitida pela picada do mosquito *Aedes aegypti*. Quando o mosquito pica alguém com a doença, ele se contamina com o vírus. Ao picar outra pessoa, o mosquito transmite o vírus.

Barbeiro, inseto que é o vetor da doença de Chagas.

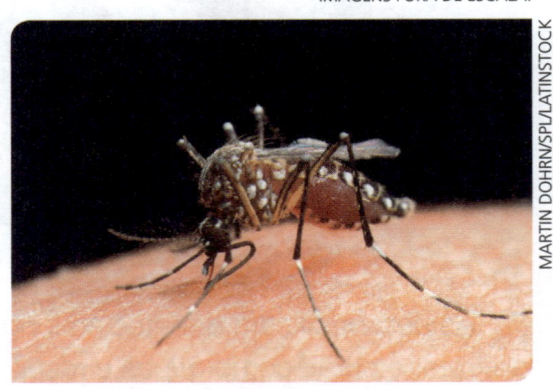

IMAGENS FORA DE ESCALA.

O mosquito *Aedes aegypti* é vetor da dengue e da febre amarela.

A doença de Chagas e a febre amarela também são transmitidas por insetos.

No caso das doenças transmitidas por insetos, a melhor forma de combatê-las é fazer a prevenção da doença, impedindo que os transmissores proliferem.

No caso da dengue, conheça algumas medidas de prevenção:

1. Não deixar no quintal ou em áreas externas objetos como garrafas, pneus ou outros recipientes que possam acumular água, pois a fêmea do mosquito transmissor da dengue põe seus ovos nesses locais.

2. Colocar areia nos pratinhos que ficam embaixo das plantas para evitar que acumulem água.

3. Lavar diariamente a vasilha de água dos animais domésticos.

4. Tampar as caixas-d'água e mantê-las limpas.

5. Cobrir as piscinas.

Algumas vezes, quando estamos doentes, a temperatura do corpo fica maior que 37 °C e temos febre. A febre não é uma doença, mas sim um sinal de que o corpo está com infecção. A febre é um sinal de defesa, pois elevar a temperatura ajuda o corpo a eliminar o agente agressor. Porém, é preciso atenção: febre muito alta ou por vários dias seguidos precisa ser verificada o quanto antes por um médico.

Os antibióticos e as vacinas

As bactérias também causam infecções que devem ser tratadas com o uso de antibióticos.

Uma forma de evitar muitas doenças é por meio das vacinas. Elas estimulam o organismo a criar defesas contra os vírus e as bactérias causadores de doenças, como poliomielite, sarampo, catapora, varíola, meningite, hepatite, tétano, covid-19 e muitas outras.

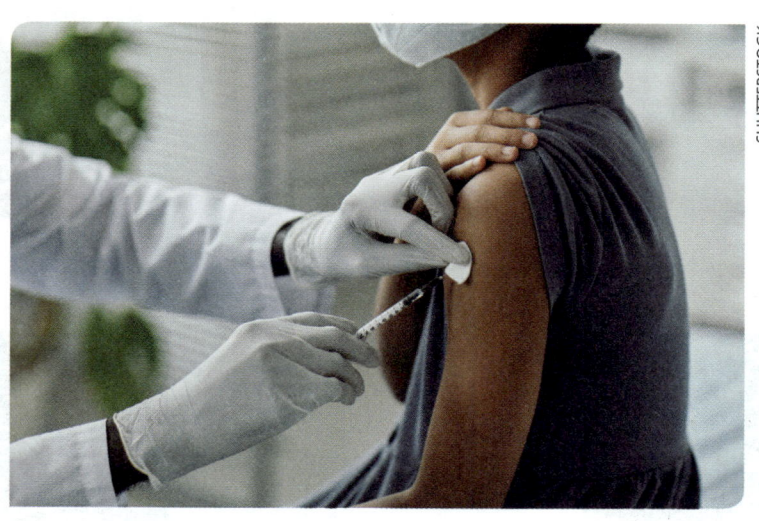

Criança sendo vacinada.

As vacinas nos protegem contra várias doenças. Na rede pública de saúde estão disponíveis as seguintes vacinas:
- BCG (contra tuberculose);
- hepatite B;
- DTP (difteria, coqueluche e tétano);
- pentavalente (contra difteria, tétano e coqueluche, hepatite B e infecções por *Haemophilus influenzae* tipo B);
- poliomielite injetável;
- poliomielite oral;
- rotavírus;
- febre amarela;
- tríplice viral (contra caxumba, rubéola e sarampo);
- *Influenza* (gripe);
- pneumocócica (contra meningites bacterianas, pneumonias, sinusite, inflamação no ouvido e bacteremia);
- antimeningocócica (contra doença meningocócica);
- tetraviral (sarampo, rubéola, caxumba e varicela);
- hepatite A;
- HPV (papilomavírus).

Verminoses

Além dos microrganismos, os vermes também podem causar doenças aos seres humanos. As doenças causadas pelos vermes se chamam **verminoses**.

Existem vários tipos de vermes e as doenças mais comuns causadas por eles são a **ascaridíase** (lombrigas), a **teníase** (solitária), a **oxiuríase**, a **ancilostomíase** (amarelão) e a **esquistossomose**.

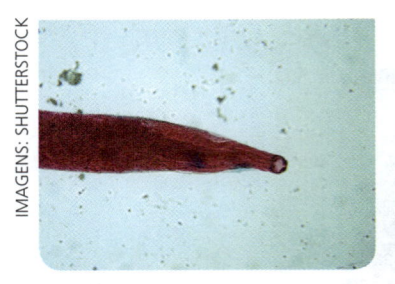

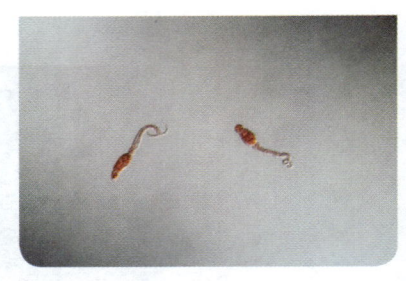

IMAGENS: SHUTTERSTOCK

Ancilóstomo.

Esquistossomo.

Lombriga.

Solitária.

Ovos de oxiúro.

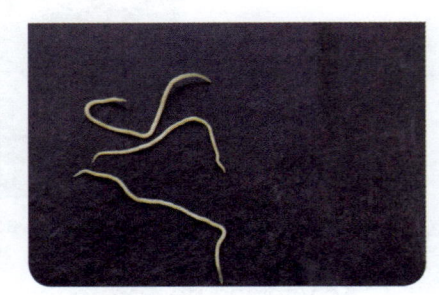

Oxiúro adulto.

Ascaridíase, teníase e oxiuríase são transmitidas por alimentos contaminados com os ovos desses vermes. Frutas e verduras mal lavadas, água contaminada, carnes cruas ou malcozidas, mãos sujas, objetos contaminados (brinquedos, copos, pratos, talheres etc.) são formas de contaminação dessas doenças. No caso da teníase, a transmissão também ocorre pelo consumo da carne de boi ou porco contaminada e malcozida.

No caso do amarelão, o contágio pode acontecer pela penetração direta por meio da pele (sola dos pés) se a pessoa pisar em solos contaminados por fezes humanas que contenham ovos do verme.

A esquistossomose é transmitida em lagos ou lagoas contaminadas, pela entrada direta na pele dos pés, das mãos ou pela boca. Essa doença também é conhecida como barriga-d'água ou doença do caramujo.

Os principais sintomas relacionados às verminoses são: cólicas abdominais, enjoo, mudança do apetite, falta de disposição, fraqueza, emagrecimento, tontura, vômito, diarreia com ou sem perda de sangue ou fome constante.

As principais formas de prevenção contra as verminoses são:
- lavar bem as mãos sempre que usar o banheiro e antes das refeições;
- conservar as mãos sempre limpas e as unhas aparadas, além de evitar colocar a mão na boca;
- beber somente água filtrada ou fervida;
- lavar bem os alimentos antes do preparo, principalmente se forem consumidos crus;
- andar somente calçado;

Lavar bem verduras e legumes antes de serem consumidos evita doenças provocadas por vermes.

As mãos precisam ser constantemente lavadas, especialmente após o uso do vaso sanitário e antes das refeições e de dormir.

As unhas das mãos e dos pés precisam estar sempre cortadas.

Manter a higiene física e mental do corpo ajuda na prevenção de doenças.

- comer apenas carne bem cozida;
- não brincar em terrenos baldios, com lixo ou com água poluída;
- manter limpa a casa para evitar a presença de moscas e outros insetos;
- ter cuidados com as higienes pessoal e doméstica;
- ferver ou filtrar a água usada na alimentação;
- não nadar ou brincar em lagoas que não se sabe se estão contaminadas.

Do ponto de vista da comunidade, a prevenção deve ser feita com a criação de programas de educação para a saúde. É responsabilidade das autoridades governamentais disponibilizar saneamento básico para toda a população, criando condições de moradia compatíveis com uma vida saudável.

ATIVIDADES

1 O que é importante saber para evitar as doenças?
_____
_____

2 O que são doenças hereditárias?
_____
_____

3 O que são doenças infecciosas?
_____
_____

4 Como se chamam as doenças que podem ser transmitidas por contato humano? Dê exemplos.
_____
_____

5 Como podem ser adquiridas as doenças contagiosas?
_____
_____

6 Para que servem as vacinas?
_____
_____

7 Contra quais doenças as crianças devem ser vacinadas?
_____
_____

8 Que doenças contagiosas você já teve? Que vacinas você já tomou?

_____

9 Troque os números pelas sílabas correspondentes e forme uma frase.

1 cân	2 e	3 de	4 são	5 do	6 ças	7 não	8 en
9 con	10 xem	11 gi	12 cer	13 plos	14 ta	15 o	16 di
17 sas	18 a	19 tes,	20 be	21 ma	22 reu	23 mo	24 tis

16 + 18 + 20 + 19   22 + 21 + 24 + 23

2   1 + 12   4   2 + 10 + 13   3

5 + 8 + 6   7   9 + 14 + 11 + 15 + 17

_____

10 Leia as frases e copie só o que devemos fazer.

- Andar descalço na terra.
- Lavar as mãos após usar o vaso sanitário e antes das refeições.
- Tomar vacinas.
- Comer algo apanhado do chão.
- Beber água sem ser filtrada ou fervida.
- Lavar bem as verduras.

_____

_____

_____

11 Como se contrai ascaridíase?

_____

_____

EU GOSTO DE APRENDER

Leia os principais temas estudados nesta lição.

- Para evitar as doenças, é importante saber de que forma elas são transmitidas e como evitar o contágio.

- Quando uma doença atinge muitas pessoas de uma região dizemos que acontece uma epidemia.

- As doenças hereditárias são aquelas causadas por fatores genéticos, transmitidas dos pais para os filhos.

- As doenças infecciosas são causadas por seres vivos, como os vírus e as bactérias, que entram no nosso corpo e prejudicam seu funcionamento.

- Podemos adquirir doenças infecciosas pelo contato com pessoas doentes ou, em muitos casos, por picadas de insetos.

- As bactérias causam infecções que devem ser tratadas com uso de antibióticos.

- Muitas doenças são prevenidas por meio das vacinas, que estimulam o organismo a criar defesas contra os vírus e as bactérias causadores de doenças.

- As verminoses são as doenças causadas pelos vermes e são transmitidas por alimentos contaminados, água contaminada, carnes cruas ou malcozidas, entre outros.

ATIVIDADE COMPLEMENTAR

- Quais são os principais sintomas das verminoses?

_____
_____
_____
_____
_____

EU GOSTO DE APRENDER MAIS

Jeca Tatu e o amarelão

Você vai conhecer um personagem famoso da literatura brasileira: o Jeca Tatu, criado por Monteiro Lobato em seu livro *Urupês*.

Monteiro Lobato foi um importante escritor, principalmente de histórias infantis. Foi ele quem criou a turma do Sítio do Picapau Amarelo, com Emília, Pedrinho, Narizinho, Tia Nastácia, Dona Benta, Visconde e muito mais.

Antes de criar a turma do Sítio, ele criou o principal personagem de *Urupês*, o Jeca Tatu, um homem do interior que vivia com muito sono e moleza.

Jeca Tatu, na verdade, tinha problemas de saúde causados por uma doença transmitida por um verme. O nome da sua doença era ancilostomíase ou amarelão.

ATIVIDADES COMPLEMENTARES

1. Vamos fazer uma pesquisa para saber mais sobre:
   - Monteiro Lobato;
   - o personagem Jeca Tatu;
   - a ancilostomose ou amarelão: quem é o verme causador, quais os sintomas da doença, como a doença é transmitida e como se previne.

2. Depois, apresente a biografia de Monteiro Lobato e a história do Jeca Tatu e fale sobre ancilostomíase aos colegas de sala como se ela fosse uma notícia de telejornal. Introduza nessa apresentação os dados que você recolheu em sua pesquisa.

Coleção

Eu gosto m@is

ALMANAQUE

O movimento aparente do Sol

Durante alguns dias, preste atenção na posição do Sol no céu. Observe onde ele nasce e onde se põe e o horário em que isso acontece.

Em sua moradia, descubra a que horas a luz do Sol entra pelas janelas. Observe também que lado da moradia é iluminado ao amanhecer e ao entardecer.

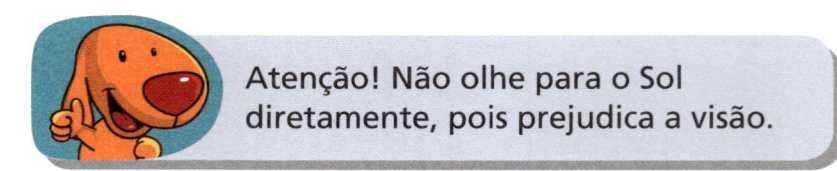

Atenção! Não olhe para o Sol diretamente, pois prejudica a visão.

- Complete a ficha a seguir com suas descobertas.

Direção em que o Sol nasce: _____

Direção em que o Sol se põe: _____

Hora em que o Sol nasce: _____

Hora em que o Sol se põe: _____

Hora em que a luz do Sol entra pelas janelas: _____

Lado da moradia iluminado pelo Sol

Ao amanhecer: _____

Ao entardecer: _____

- Faça um desenho para representar o movimento aparente do Sol.

Observando a Lua

- Observe a Lua no céu. Se for Lua nova, você não conseguirá ver o nosso satélite. Se for outra fase da Lua, desenhe no espaço a seguir como você a vê.

- Depois de observar a Lua, escreva um texto sobre o que você viu e sentiu.

_____
_____
_____
_____
_____
_____
_____
_____

O comportamento animal

As diferentes atividades dos animais em seu ambiente constituem seu comportamento: a proteção à prole, a defesa, a demarcação de território.

Todos os animais têm o corpo adequado para sobreviver em seu ambiente. É o caso da borboleta. Leia o texto a seguir.

Borboletas têm vários olhos e enxergam mais cores do que os humanos

Entre nós, humanos, é comum dizer: "Nossa, este bebê é a cara da mãe!". No caso das borboletas, a história é diferente: os filhotes saem de ovos e são lagartas. Depois viram "pupa", um pequeno casulo de onde finalmente sai uma borboleta.

A refeição predileta varia: uma lagarta adora folhas. Já as borboletas pousam de flor em flor para apreciar o docinho do néctar.

Algumas borboletas têm cores fortes. Muitas delas têm um sabor amargo e são indigestas para aqueles que ousam incluí-las em seu cardápio. Assim, evitam possíveis inimigos, já que estes associam as cores a uma indigestão.

Acredita-se que borboletas possam ver cores como o vermelho, o verde e o amarelo, assim como cores na faixa de luz ultravioleta, que nem eu nem você podemos ver.

Parece que esses animais têm dois olhos. Na verdade, assim como outros insetos, têm olhos compostos: em outras palavras, são milhares de pequenos olhos.

Luisa Massarani. *Folha de S.Paulo*, Folhinha, 23 out. 2010.

Vamos ver se você consegue enxergar as cores direitinho. Faça o desafio, diga o nome das cores que aparecem no quadro a seguir:

MARROM	CINZA	LARANJA	VERDE	AZUL
VERDE	MARROM	VERMELHO	PRETO	ROSA
AZUL	CINZA	BRANCO	PRETO	LARANJA

Se você falou a cor expressa pela palavra em vez da cor das letras não se preocupe, o nosso cérebro acaba se confundindo, pois recebe ao mesmo tempo duas mensagens conflitantes.

Consumo consciente e reciclagem

Do lixo que descartamos muita coisa pode ser reciclada para ser reutilizada. Quando compramos um produto, precisamos ficar atentos à embalagem. O que pode ser reciclado vem indicado com o símbolo da reciclagem:

Por isso, fique atento na hora de comprar. Se o produto tiver esse símbolo, significa que pode ser reciclado, caso contrário será jogado no lixo comum, contribuindo para o aumento do lixo.

Atualmente, existe tecnologia para a reciclagem de muitos materiais feitos com papel, plástico, vidro e metal, mas nem tudo que é produzido com esses materiais pode ser reciclado.

Os produtos não recicláveis mais conhecidos atualmente são:

- **Papéis não recicláveis:** adesivos, etiquetas, fita-crepe, papel-carbono, fotografias, papel toalha, papel higiênico, papéis e guardanapos engordurados, papéis metalizados, parafinados ou plastificados.

- **Metais não recicláveis:** clipes, grampos, esponjas de aço, latas de tintas, latas de combustível e pilhas.

- **Plásticos não recicláveis:** cabos de panela, tomadas, isopor, adesivos, espuma, teclados de computador e acrílicos.

- **Vidros não recicláveis:** espelhos, cristal, ampolas de medicamentos, cerâmicas e louças, lâmpadas e vidros temperados planos.

Vamos identificar o que pode ser reciclado e o que não pode. Observe as imagens a seguir e faça um **X** naquilo que não pode ser reciclado.

Coleção de mamíferos

Recorte e monte a caixinha do material cartonado Coleção de Mamíferos.

Nessa caixinha você vai guardar a sua coleção de cartões que estão na sequência do material cartonado.

Você pode aumentar a sua Coleção de Mamíferos produzindo novos cartões. Veja como é fácil:

- pesquise em revistas ou na internet outros mamíferos;
- recorte ou imprima a imagem do(s) animal(is) escolhido(s);
- pesquise a respeito do animal para poder preencher os dados do cartão. Veja o roteiro.

Nome do animal com o nome científico.
Por exemplo, no caso do hipopótamo, o nome científico é *Hippopotamus amphibius*.

Tamanho: peso e altura do animal.

Onde ele vive: as regiões onde é encontrado.

Tempo de vida: a idade média de vida do animal.

O que come: plantas, outros animais, peixes, frutos etc.

Predadores: quais são os animais que o atacam.

Reprodução: quanto tempo dura a gestação e quantos filhotes nascem.

Comportamento: se vive sozinho ou em bando, se vive sobre as árvores ou em tocas, se é noturno ou diurno, se é agressivo ou não etc.

Ameaça: quais as ameaças que o animal enfrenta para sobreviver.

Pronto, depois de pesquisado o animal e preenchida a ficha, você pode colar a foto e a ficha em uma cartolina e recortar para ter novos cartões.

O Jogo do Mico

Com sua coleção de cartões, você pode jogar o Jogo do Mico.

O jogo é para dois ou quatro jogadores. Cada jogador participa com um conjunto de seus cartões, de modo a formar os pares.

Se forem dois, escolha um animal para ser o mico. Um cartão desse animal deve ser retirado do baralho.

Se forem quatro jogadores, dois animais devem ser escolhidos como micos. E um cartão de cada animal deve ser retirado do baralho.

- Embaralhem os cartões e distribuam entre os jogadores.
- Abram os cartões em leque na mão e formem os pares. Coloquem sobre a mesa os pares formados.
- Um jogador tira um cartão do colega seguinte. Se fizer um par, coloca-o sobre a mesa. Se não fizer, fica com o cartão na mão.
- Os colegas seguintes fazem o mesmo.
- O jogo continua com os jogadores fazendo pares. Como o mico não tem par, alguém vai ficar com ele na mão depois que todos os pares forem feitos.
- Ao final do jogo, o perdedor é aquele que ficar com o mico na mão.

- Cartela 1 – Caixa para a coleção

colar aqui

colar aqui

Dobrar

Cortar

Colar

ALMANAQUE

Parte integrante da Coleção Eu gosto m@is – Ciências 4º ano – IBEP.

- Cartela 2 – Animais da coleção

Gorila (*Gorilla beringei*)
Tamanho: o macho tem 1,80 metro de altura e pesa 200 quilos. O dorso é cinzento.
Onde vive: nas florestas das montanhas da África.
Tempo de vida: 35 anos.
O que come: folhas, frutos, cascas, flores e cogumelos.
Predadores: não tem.
Reprodução: um filhote a cada cria, depois de nove meses de gestação.
Comportamento: vive em grupo, é pacífico e passa a metade do tempo descansando.
Ameaças: a caça e a destruição do ambiente em que vive.

Bisão americano (*Bison bison*)
Tamanho: quase 4 metros de comprimento e 500 quilos.
Onde vive: antigamente, vivia por toda a América do Norte; agora vive apenas em parques e reservas.
Tempo de vida: 20 anos.
O que come: vegetariano pastador.
Predadores: puma e lobo.
Reprodução: na primavera a fêmea separa-se da manada para dar à luz um filhote; a gestação dura nove meses.
Comportamento: vive em manadas e só agride para proteger as crias.
Ameaça: a caça, embora viva em reservas.

Leão (*Panthera leo*)
Tamanho: 1,20 metro de altura, 2,50 metros de comprimento e cerca de 260 quilos (macho).
Onde vive: na África e na Ásia.
Tempo de vida: 30 anos.
O que come: zebras, antílopes e girafas.
Predadores: não tem.
Reprodução: gestação de 120 dias, com três filhotes a cada parto.
Comportamento: vive e caça em grupo.
Ameaças: a caça por seres humanos e a destruição do seu hábitat. Muitos vivem em reservas.

Onça (*Panthera onca*)
Tamanho: o macho tem 1,80 metro de comprimento e pesa 140 quilos.
Onde vive: dos Estados Unidos à Argentina.
Tempo de vida: 20 anos.
O que come: veados, capivaras, antas, pacas e peixes.
Predadores: não tem.
Reprodução: três filhotes a cada ninhada, após 110 dias de gestação.
Comportamento: vida solitária; a fêmea cria os filhotes sozinha.
Ameaças: a caça e a destruição do ambiente em que vive.

ALMANAQUE

Parte integrante da Coleção Eu gosto m@is – Ciências 4º ano – IBEP.

• Cartela 3 – Animais da coleção

Lhama (*Lama glama*)
Tamanho: 2,40 metros de comprimento, 2 metros de altura e 140 quilos (macho).
Onde vive: nas montanhas da Bolívia, do Peru e da Argentina.
Tempo de vida: 24 anos.
O que come: gramíneas.
Predadores: não têm.
Reprodução: um filhote a cada cria, após gestação de um ano.
Comportamento: vive em grupo e é dócil, por isso hoje é um animal domesticado.
Ameaça: a população está diminuindo porque sua importância no transporte de mercadorias decaiu com a construção de estradas.

Preguiça (*Bradypus tridactylus*)
Tamanho: 60 centímetros de comprimento e 8 quilos (macho).
Onde vive: nas florestas da América do Sul.
Tempo de vida: 20 anos.
O que come: folhas e frutos.
Predadores: onça.
Reprodução: um filhote por ano, depois de 180 dias de gestação.
Comportamento: hábitos solitários; passa a vida nas árvores, onde se alimenta, se acasala e tem filhotes; tem movimentos lentos, mas é boa nadadora.
Ameaça: a destruição do ambiente em que vive.

Tamanduá-bandeira (*Myrmecophaga tridactyla*)
Tamanho: 1,20 metro de comprimento e 39 quilos (macho).
Onde vive: do Brasil até a Argentina.
Tempo de vida: 25 anos.
O que come: com as garras abre os cupinzeiros e colhe os cupins com a língua pegajosa; também come formigas.
Predadores: não tem.
Reprodução: um filhote a cada parto, após gestação de 190 dias.
Comportamento: vida solitária, exceto na época da reprodução ou enquanto a mãe cuida do filhote.
Ameaças: a caça e a destruição do ambiente em que vive; também morre em incêndios, pois seu pelo é altamente inflamável, ou atropelado, ao cruzar as estradas.

Elefante africano (*Loxodonta africana*)
Tamanho: 3,70 metros de altura e 5 000 quilos.
Onde vive: na África.
Tempo de vida: entre 60 e 70 anos.
O que come: folhas, raízes, frutos, cascas; come cerca de 300 quilos de comida por dia e bebe 190 litros de água.
Predadores: os filhotes são atacados por leões, hienas e cobras.
Reprodução: gestação de 22 meses, com um filhote a cada cinco anos.
Comportamento: vida em bandos que podem chegar a 200 elefantes; os machos saem do grupo quando jovens; cada fêmea lidera seus filhotes e netos.
Ameaças: caçadores e a destruição do ambiente em que vive.

• Cartela 4 – Animais da coleção

Orangotango (*Pongo pygmaeus*)
Tamanho: o macho tem 1,50 metro de altura e pesa 100 quilos.
Onde vive: nas árvores das florestas das ilhas de Bornéu e Sumatra, na Ásia.
Tempo de vida: 40 anos.
O que come: folhas e frutos.
Predadores: tigres.
Reprodução: gestação de quase um ano, com nascimento de um filhote.
Comportamento: o macho tem vida solitária, exceto durante o tempo de acasalamento; as fêmeas andam em grupo de duas ou três, com filhotes.
Ameaça: a destruição do ambiente em que vive.

Lobo-guará (*Chrysocyon brachyurus*)
Tamanho: 1,30 metro de comprimento, 1 metro de altura e 23 quilos (macho).
Onde vive: nos campos da América do Sul.
Tempo de vida: 15 anos.
O que come: frutos, pequenos roedores, peixes, rãs e insetos.
Predadores: onça.
Reprodução: cria de um a seis filhotes, após 67 dias de gestação.
Comportamento: tem uma companheira a vida toda, mas vive solitário e se junta a ela na época da reprodução.
Ameaças: a destruição do ambiente em que vive, a caça e a captura para zoológicos.

Zebra (*Equus burchellü*)
Tamanho: o macho tem 2 metros de comprimento e 340 quilos.
Onde vive: na África.
Tempo de vida: 28 anos.
O que come: gramíneas.
Predadores: leão e hienas.
Reprodução: um filhote, após um ano de gestação.
Comportamento: vive em manadas e defende os filhotes do ataque de predadores.
Ameaças: a destruição do ambiente em que vive e a caça por causa da pele listrada.

Equidna (*Tachyglossus aculeatus*)
Tamanho: 50 centímetros de comprimento e 6 quilos.
Onde vive: na Austrália e na Nova Guiné.
Tempo de vida: 35 anos.
O que come: formigas, cupins e vermes, que pega com a língua viscosa.
Predadores: não tem predadores porque é coberto de espinhos.
Reprodução: o filhote nasce com 27 dias de gestação dentro da bolsa do ventre da mãe.
Comportamento: vive solitário, exceto na época da reprodução.
Ameaça: a destruição do ambiente em que vive.

ALMANAQUE

Parte integrante da Coleção Eu gosto m@is – Ciências 4º ano – IBEP.

• Cartela 5 – Animais da coleção

Raposa do Ártico (*Vulpes lagopus*)
Tamanho: o macho tem 1 metro de comprimento e 30 quilos.
Onde vive: nas regiões geladas próximas ao Polo Norte.
Tempo de vida: 20 anos.
O que come: esquilos, aves, insetos, ovos e carniça.
Predadores: raposa-vermelha e lobos.
Reprodução: três a quatro filhotes a cada gestação, que dura cerca de dois meses.
Comportamento: vive em bandos e forma casais que ficam juntos a vida inteira.
Ameaça: os caçadores de peles.

Capivara (*Hydrochoerus hydrochaeris*)
Tamanho: o macho tem 1,30 metro de comprimento, 50 centímetros de altura e 60 quilos; é o maior roedor do mundo.
Onde vive: em toda a América Latina, à beira da água.
Tempo de vida: 10 anos.
O que come: folhas, talos e algas.
Predadores: onça, jacaré e piranhas.
Reprodução: gestação de 150 dias, com nascimento de quatro a seis filhotes.
Comportamento: vive em manadas e procura alimento durante o entardecer; é boa nadadora e se esconde dos predadores submersa, só com o nariz para fora.
Ameaça: o ser humano, que caça esse animal para comer e para tirar o couro e a banha.

Urso-polar (*Ursus maritimus*)
Tamanho: 2 metros de comprimento e 800 quilos (macho).
Onde vive: ao redor da calota polar do Ártico.
Tempo de vida: 25 anos.
O que come: focas, ovos e carniça.
Predadores: outros ursos-polares, que comem filhotes.
Reprodução: dois filhotes por ninhada, uma vez por ano.
Comportamento: animal solitário, exceto na época de reprodução ou quando a mãe está cuidando dos filhotes.
Ameaça: a caça, embora proibida por lei, excetuando os esquimós.

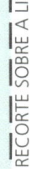

Parte integrante da Coleção Eu gosto m@is – Ciências 4º ano – IBEP.

• Cartela 6 – Animais da coleção

Anta ou tapir (*Tapirus terrestris*)
Tamanho: 2 metros de comprimento, 1 metro de altura e 200 quilos (macho).
Onde vive: na América do Sul.
Tempo de vida: 20 anos.
O que come: folhas, caules e raízes.
Predadores: onça.
Reprodução: gestação de um ano, com nascimento de apenas um filhote.
Comportamento: vive solitário, formando grupos apenas na época da reprodução; pasta durante a noite na beira dos rios.
Ameaças: os caçadores e a destruição do ambiente em que vive.

Rinoceronte negro (*Diceros bicornis*)
Tamanho: 1,50 metro de altura e 1400 quilos (macho).
Onde vive: na África.
Tempo de vida: 20 anos.
O que come: plantas.
Predadores: não tem.
Reprodução: gestação de 18 meses, com nascimento de apenas um filhote.
Comportamento: vive em bandos, tem excelente olfato e ataca quando sente o cheiro humano.
Ameaça: os caçadores, que matam esse belo animal para cortar os chifres.

Hipopótamo (*Hippopotamus amphibius*)
Tamanho: 1,50 metro de altura (macho) e 4 000 quilos de peso.
Onde vive: no vale do Rio Nilo, na África.
Tempo de vida: 40 anos.
O que come: plantas rasteiras.
Predadores: jacarés atacam os filhotes.
Reprodução: gestação de 230 dias, com nascimento de um filhote.
Comportamento: vive imerso nos rios, em grandes bandos; dorme durante o dia e pasta à noite na vegetação da margem; é agressivo e não teme o ser humano.
Ameaça: os caçadores.

Parte integrante da Coleção Eu gosto m@is – Ciências 4º ano – IBEP.

- Cartela 7 – Animais da coleção

Tigre (*Panthera tigris*)
Tamanho: 3 metros de comprimento e 300 quilos (macho).
Onde vive: na Índia, na China e na Indonésia.
Tempo de vida: 10 a 15 anos.
O que come: veados, peixes e bois.
Predadores: não tem.
Reprodução: duas crias por ano.
Comportamento: solitário, exceto nos momentos da reprodução.
Ameaça: a transformação de seu ambiente em plantações.

Jaguatirica (*Felis pardalis*)
Tamanho: 1 metro de comprimento e cerca de 15 quilos (macho).
Onde vive: nas Américas.
Tempo de vida: cerca de 20 anos.
O que come: coelhos, porcos selvagens, lagartos, rãs e peixes.
Predadores: não tem.
Reprodução: gestação de 70 dias, com nascimento de dois a quatro filhotes.
Comportamento: caça durante a noite e só vive em grupo no tempo da reprodução.
Ameaças: a caça e a destruição do ambiente em que vive.

Panda gigante (*Ailuropoda melanoleuca*)
Tamanho: 1,50 metro de altura e 160 quilos.
Onde vive: nas florestas de bambu das montanhas da China.
Tempo de vida: 25 anos.
O que come: folhas tenras e brotos de bambu, frutos, pequenos mamíferos, peixes e insetos.
Predadores: não tem.
Reprodução: gestação de 112 a 163 dias, com nascimento de um filhote.
Comportamento: vida solitária; passa o dia comendo bambu; abriga-se sob as árvores e em cavernas.
Ameaças: a devastação das florestas e a caça, que estão tornando essa espécie cada vez mais rara.

Parte integrante da Coleção Eu gosto m@is – Ciências 4º ano – IBEP.

• Cartela 8 – Animais da coleção

Urso-negro (*Ursus americanus*)
Tamanho: quase 2 metros de altura e 300 quilos.
Onde vive: Alasca, Canadá, Estados Unidos e México. O que vive nos Estados Unidos é negro. Nas demais regiões pode ser creme ou cinzento.
Tempo de vida: 30 anos.
O que come: raízes, frutos, insetos, mel e, de vez em quando, pequenos mamíferos.
Predadores: não tem.
Reprodução: dois filhotes a cada dois anos, com gestação de 220 dias.
Comportamento: dorme durante o dia e sai à noite para explorar o ambiente; é solitário.
Ameaça: os caçadores.

Girafa (*Giraffa camelopardalis*)
Tamanho: 5 metros de altura, sendo 3 metros de pescoço.
Onde vive: na África.
Tempo de vida: 25 anos.
O que come: folhas de mimosa e acácia.
Predadores: leão.
Reprodução: 15 meses de gravidez, com nascimento de um filhote.
Comportamento: vive em bando e quando assustada sai a galope. Quando ameaçada, dá coices.
Ameaça: a destruição do ambiente em que vive.

Canguru cinza (*Macropus giganteus*)
Tamanho: 1,60 metro de altura e 80 quilos.
Onde vive: na Austrália e Nova Zelândia.
Tempo de vida: 18 anos.
O que come: plantas.
Predadores: dingo (cão selvagem australiano).
Reprodução: o filhote nasce depois de alguns dias de gestação e completa o desenvolvimento na bolsa do ventre da mãe.
Comportamento: viaja em pequenos grupos dominados pelo macho mais forte.
Ameaça: os caçadores.

ALMANAQUE

Parte integrante da Coleção Eu gosto m@is – Ciências 4º ano – IBEP.